U0082845

青山青史——連雅堂傳

長興里
上港崗
舊社汛
坎項
中港崗
下港崗
右營盤
臺灣府
城隍廟
紅毛樓
文廟
右營界
山川臺
紅毛城
中營
左營
右營
鯤身汛
一鯤身
二鯤身
三鯤身

目錄

序

西湖四月，清明節才過，雖然麗日當頭，風中猶有一些寒意，而桃花綻放，柳枝吐新芽，我們四姊妹和表弟夫婦來此追念先祖。

幾近一世紀前，我的外祖父連雅堂先生暫遊此地，寫下一封家書寄與外祖母，並附繫一首七言絕句：

一春舊夢散如煙，三月桃花撲酒船。
他日移家湖上住，青山青史各千年。

那年，一九一二年，正值民國初建，外祖父三十五歲。

連氏自雅堂先生七世祖興位公，即因反清而渡海來臺。民國雖建立，清廷已滅亡，但臺灣卻淪陷為日本殖民地。外祖父十八歲之年親身經歷異族統治之痛，遂發願撰著《臺灣通史》，以為保存歷史之真相。詩中所稱「青史」便是指他心中抱定必要完成的這個志願。三月西湖，桃花撲船，春夢如煙。三十五歲青年時期的外祖父遊歷此地，必然陶醉折服於眼前的良辰美景，但他心中另有一種與眾人不同的抱負。那堅定的抱負，他視為責任使命。十年慘淡經營，孜孜矻矻，凡有關臺灣的史事、制度、人物、山川，乃至於草木蟲介，靡不詳密細究為之記述。

外祖父第二次訪西湖是在十四年後，民國十五年，他四十九歲之時。當時《臺灣通史》上、中、下三冊已經次第撰成並刊行。他和外祖母沈筱雲女士再遊西湖，寄住於西湖北岸山坡上的瑪腦山莊。時值暑假期間，在日本慶應大學專攻經濟科的獨子震東先生，也從東京抵杭省親。他們三人優游於六橋、三竺之間，既賞美景，且享天倫之樂。即使在優游期間，外祖父仍閱讀、作詩、編書。他重要的詩集之一《寧南詩草》，便是在瑪腦山莊編纂成集，寫出自序的。夏天過去，舅舅回日本繼續學業；而外祖父和外祖母則因為軍閥事起，大陸不安，不久也返歸臺灣。「移家湖上住」之願望幾乎達成，卻沒有實現。

舅舅學成歸鄉之後，外祖父認為「欲求臺灣之解放，須先建設祖國」，所以又一次忍親子別離之情，修成一函令他帶去會見故交張溥泉先生。那信裡字字珠璣，句句感人。其中有句：「弟僅此子，雅不欲其永居異域，長為化外之人，是以託諸左右。」大義凜然，愛國情操躍然紙上。

至於外祖父自己則繼續與外祖母留居臺灣，從事臺灣語文的保存與整理工作。臺灣的歷史，已經完成著述；臺灣文化與文獻的維護，也是他自視為責無旁貸的任務。

雅堂先生夫婦有三女一子。震東先生上有長七歲的姊姊夏甸女士（我的母親）。二姊春臺女士夭折。下有少六歲的妹妹秋漢女士。民國二十二年，母親已經遠嫁於上海；舅舅也在國內服務，而姨母則畢業於淡水高等女子學校，外祖父便決心內渡，遂其終老於祖國之志。當時舅舅在西安工作，路途遙遠；而我父親在上海擁有不少房產，母親挽留之下，二老便在上海江灣路公園坊八號住下來。

外祖父的晚年並沒有移家湖上。上海雖稱十里洋場，但閘北虹口一帶，算是比較安靜的。他和外祖母住在鬧中取靜的「公園坊」一幢兩層樓的小洋房裡，安享比在臺灣時更清靜的老後生活。我們的家在江灣路五四〇號，與公園坊隔著一片草坪，便利互相往來。而在我出生之後，含飴弄孫，大概也就成為他們另一種安慰的吧。「別看你外公寫起文章來筆力犀利如劍，抱著你的手，可是小心翼翼、抖抖顫顫的啊。」母親曾告訴我。我太小，無法記憶外祖父抱著我的手。但我彷彿記得稍大時，外祖父帶著我去對面的虹口公園散步，總是頑皮地跑在前面，瘦高的老人不得不辛苦彎腰來牽我的手。

我也依稀記得有一天，我被帶到公園坊八號的二樓。外祖父躺著的床上罩著一塊大白布。床的周圍是啜泣的親人。白布對我而言，似乎就是代表死亡。那是民國二十五年六月，外祖父五十九歲，我三歲。越兩月，舅母趙蘭坤女士在西安生下一個男嬰，遵外祖父遺囑，取名為「戰」。外祖父彌留之際對舅舅說：「日本侵華野心明顯，中、日終必一戰。光復臺灣，就在此一戰。蘭坤生的孩子若是男嬰，就命名為『連戰』，也是意味著自強不息的意思。」

七十三年以後，我們來到西湖北岸追蹤先人的足跡。山腰坡道上的瑪腦寺，是當年連雅堂先生夫婦和連震東先生曾經住宿過的瑪腦寺山莊故址。對於我們四姊妹而言，這是第一次探訪；對於連戰夫婦而言，則已經是多次來臨了。事實上，二〇〇五年「破冰之旅」後，大陸方面得悉瑪腦寺曾為連戰的祖父與父親寓居之所，遂提議將其改建為「連雅堂先生紀念館」。連戰表示，經過兩岸復交來往合作，瑪腦寺應成為兩岸文化交流的平臺。所以如今瑪腦寺內除了復建的寺院、亭臺、泉池外，更有「連雅堂先生紀念館」展現著外祖父的許多著作、事蹟記載，及生前攝影等物。而這個紀念館也定期舉行臺灣文化的展覽。我們看到臺灣人物志廳、傳統文化廳、歷史文化廳、原住民廳、自然環境廳、現代工業廳，展出臺灣獨特的風土文化。

外祖父地下有知，雖然移家湖上住的願望沒有達成，但確實青山青史各千年，他應感到安慰了。

參觀瑪腦寺是在去年春天，一年之後，應有鹿出版社邀約，將已經絕版多年的《連雅堂傳》整修重新出版。

最早寫這本書，是在中央文物供應社策畫下，參與了「先賢先烈傳記叢刊」，負責寫外祖父的傳記。當時這一套叢刊的讀者對象，是以高中學生及社會青年為主，並且在字數上也有所限制，所以行文及篇幅都不得不受到某種程度上的約束。利用此次重新出版，我重讀了往年舊文，幾乎每一頁都有些修正增補，也有若干改動的痕跡。希望這些文字，能夠傳達連雅堂先生真實的形象情思給讀者。

林文月 誌

民國九十九年清明節

連雅堂先生素描，林文月繪。

雨墨版序

外祖父去世時，我三歲。在他上海江灣路的寓所，三歲的我，突然有一個早晨，夾雜在一群大人之間，於四周悲戚的氣氛下，看見被白布罩蓋在裡面的外祖父靜靜躺在他的床上。不再能俯身牽我的手，不再能慈祥地呵護我，不再能疼愛地呼喚我了。

那是我第一次接觸死亡的事實和永訣的悲辛。三歲的我當然還是懵懂無知的，卻又彷彿有一些記憶至今並未消失。後來在我執筆追記若干片段時，那些遙遠的記憶遂即藉著文字，在筆端一點一點連綴了起來。

但真正認識外祖父連雅堂先生，是在我成長以後。多少次聽母親連夏甸女士追敘往事，又從一些外祖父遺留下來的著述文字中去印證那些母親口述的事實，許多事情乃恍然貫穿了起來。

十七年前，為了撰寫「先賢先烈傳記叢刊」中的一冊《青山青史——連雅堂傳》，我才真正有系統地全面閱讀外祖父所有的文章和詩篇，又仔細翻查他人記述有關外祖父其人其事的文字。同時，我又懇請當時已經年邁的母親為我再度仔細追憶她和外祖父母生活的往事。多少的黃昏，我們母女竟因而沉緬陶醉於那些已然逝去的歲月的記憶之中。

我的舅舅連震東先生也給我許多不為人知的可貴資料，若非與舅舅一夕長談，我不可能單憑文字的記述獲知外祖父曾被「臺灣鴉片菸特許問題」所困擾的真相。我的姨母連秋漢女士陪伴外祖父母的晚年生活最長。是姨母的娓娓敘述，使《臺灣通史》刊行以後的雅堂先生不至於變成只是一本書接著一本書的撰著者，而能夠使我摩描出他晚年生活的一些家居情趣與心境。

我也曾訪問過史學家楊雲萍教授，與文學家黃得時教授。兩位前輩學者在他們年少時，都與外祖父有過知識學問方面的接觸。從他們的口述片段往事，我約略掌握到家庭生活之外的連雅堂先生的人格風範。

在資料已整理妥當，準備動筆之前，我親自去臺南，留連徘徊於寧南馬兵營的故址。雖然馬兵營早已不存在了，眼前只見炎陽下現代化的建築物與水泥路，但是探訪過後，似乎才更堅定了我撰寫《青山青史》的信心。

連雅堂先生是一代臺灣耆儒。他是一位史學家、文學家，也是一位愛國保種為己任的熱血男兒。他的鉅著《臺灣通史》和許許多多的詩文篇章，是大家有目共睹的成就，他反清抗日，護衛中華文化與臺灣古蹟語文的行為，也是眾所周知的事實。然而，這些都是做為一個社會人士而為一般人所認識的一面而已；事實上，在五十九年的人際關係中，他曾經為人子，為人之夫；是父親，是祖父；也是許多人的朋友與老師；更是一位十分盡職的報人。在他的生活中，也曾像普通人一樣，有過種種的喜怒哀樂和愛惡矛盾等諸種人性的長處與短處。而這些瑣碎的日常生活，恐怕是許多人所不認識的連雅堂先生可敬可愛的另一面。

我幸為雅堂先生的外孫女，得有機緣蒐集有關他為外人所不知的第一手資料。如此，庶幾令我在撰寫雅堂先生的傳記時，稍能避免過於平板偶像化，而比較能塑造出一位鮮活有血有肉的人物來。不過歷來為親人撰寫傳記，則又怕會流於過度主觀，故而在行文之際每多引用外祖父的詩文，希望藉由他自己的文字，來引證我傳文的敘述。

民國六十六年度完稿時，正值連雅堂先生的百歲冥誕年。我撰成此書，以誌懷念與敬意。而歲月忽忽，又已過了十七年。當時給我精神上及實際上鼓勵與支持的母親、姨母和舅舅都已先後作古了。重讀著作，修正並校補既罷，燈前書寫此版的序文，我心中實充滿感慨與更深的懷念。但願我的誠意與努力能不辱先人，則或可稍自寬慰了。畢竟，此刻的我是不容易完全超然客觀的。

林文月　謹記

民國八十三年七月

中央文物供應社版

前言

連雅堂先生是臺灣耆儒。他是一位史學家、文學家，也是一位革命家。他的鉅作《臺灣通史》，和許許多多的詩文作品，是大家有目共睹的成績，他的反清抗日，和愛國保種的言行，也是眾所周知的事實。然而，這些都是雅堂先生做為一個社會人，為一般人士所認識的偉大的一面而已；其實，在五十九年的人際關係中，他曾經也是兒子、丈夫、父親、祖父、朋友、老師和報人。在家庭私生活裡，像許多人一樣，也有他的喜怒哀樂，和愛恨矛盾諸種人性的長處和短處，這些都是很多人所不認識的他的可愛可親的另一面。

我寫這一本《連雅堂傳》，曾經參考了一些現有的史料、家傳、年譜及有關的研究資料，也翻閱過他本人的所有詩文著作；另外，我更一一訪問雅堂先生的家屬，和他生前交往過的人物，他們提供給我許多一般文章裡頭所看不到的瑣碎小插曲。這些故事口碑，是我個人在做蒐集工作的時候的一大收穫，使我的寫作或能稍免於平板偶像化，而比較能夠塑造出一位活生生有血有肉的人物。為此，我要感謝家母連夏甸女士、舅父連震東先生，姨母連秋漢女士和臺灣大學楊雲萍教授、黃得時教授諸位。

今年是連雅堂先生的百歲冥誕年，作者忝為他的外孫女，不揣學虛才淺，僅撰成此傳，以誌懷念與敬意。

林文月　謹誌

民國六十六年九月十四日凌晨

一、馬兵營

臺灣有一句古老的說法：「一府、二鹿、三艋舺。」府，指今日的臺南；鹿，指鹿港；艋舺，則是指臺北的萬華。這三個地方，是昔日臺灣的三大重鎮。尤其是臺南，古稱「府城」，是臺灣的文化古城，居全臺首屈一指的地位。

今日臺南市的中心地帶，府前路南側，介於南門路以西到新生路以東的區域，有一幢紅磚白柱，屋頂中間有塔隆起，兩翼伸展均衡的建築物——臺南地方法院。那是日據時代遺留下的古老建築物。建構於大正元年（一九一二年），雖然已經有近一百年的歷史了，但由於小心維護，至今仍保持大部分原貌，十分珍重。而這一帶地區，法院的東邊，自南至北有碑林，原南門小學、忠義國小、孔子廟、武德殿，稍遠處則有臺灣文學館。法院西邊，自南至北，有南美商工學校，及規模頗大的商場和旅館，更遠處有創建於明代的古廟總趕宮等等。商機與古今文化兼容並存著，間亦有老樹枝葉扶疏。

其實，在日本占領臺灣，建地方法院之前，這一帶地區，曾經是明末延平郡王鄭成功的騎兵部屬所駐軍之處。故而一世紀之前，當地人是稱其為「馬兵營」。而百餘年前，馬兵營也曾經是《臺灣通史》的作者，一代耆儒連雅堂的故里。

如今，徘徊於府前路這一帶，只見新舊建築參差，拓寬過的柏油馬路上，行人匆匆，車輛奔馳；昔日連家那種植竹為籬，花木扶疏，泉石幽邃的景象已不可得見；更遑論士兵與馬匹的雄姿英挺，飛砂揚塵的情況難覓了。

連氏本來是福建漳州府龍溪縣人。

連雅堂的七世祖興位公，生於明桂王永曆三十五年（清康熙二十年，一六八一年）。兩年後，明朝亡。興位公少時遭此變難，胸中長懷隱遯之志。後離開龍溪，渡海來臺，卜居於臺南寧南坊馬兵營。馬兵營是明鄭駐師的故址，興位公選擇以此故壘作為移居之處所，正表現了他與古人心同志合的驗證。他一生不仕清朝，死後入殮，全家人取明服，以表示生降死不降之志。並且垂為家規：「若入殮之時，男女皆用明服。」這個規矩為馬兵營連氏所遵奉，直到雅堂的父親得政公都如此。

遠在明鄭時代，臺南便是產蔗糖的地方。連氏一族既然不仕清，遂以製糖為業。當然，那個時候，製糖的方法比較簡單，沒有今日的科學方法。連家的「糖」（製作場），是兩個石製大轆轤。用牛力運轉，把甘蔗切斷後放進入，榨成蔗水。再將蔗汁舀起，利用甘蔗的渣廢物當做燃料：熬成黑糖。然後，把黑糖放入大桶，鋪上一層層的石灰，便製成白糖。不過，當時所謂「白糖」，並不像現在我們所食用的那麼潔白和精緻。

在馬兵營的故址，移居於此地的連氏便是如此經營著殷實的製糖事業，代代過著寧靜而與世無爭的生活。那糖廠的店號，叫做「芳蘭」。

作者與馬兵營遺址合影。

二、宜秋山館

光緒四年（一八七八）正月十六日——陽曆二月十七日午後十時，寧南坊馬兵營的連氏宅內，有一個男嬰誕生。南臺灣的正月，在入夜之後還相當的寒冷；不過，這個嬰兒的來臨，卻給他的父母——連得政和劉妙娘，帶來無限的欣慰與溫暖。這一年，連得政四十五歲，劉妙娘三十一歲。他們為這個新生兒取名為重送。重送是妙娘的第三個兒子，但重送的上面卻有三個哥哥：重承、重裕和重國。長兄重承是領養的，過繼給得政未迎娶不幸而亡的未婚妻沈氏為子。三子重國早夭。劉氏懷孕之初，一夜夢見有人送一隻龜給她。所謂「龜鶴長壽」，是祥瑞的徵兆，而連氏這一輩分的排行字屬「重」，所以取名為「重送」。家裡有時候也暱稱「神送」。重送生得眉清目秀，很得父母寵愛。他們這一房雖有四男一女，但在古老的大家庭制度下，往往兄弟依年紀的大小排行，所以生為四男的重送，便排在他三叔所生的兩位堂兄之後，家族習慣喚他作「七仔」——是兵馬營連氏小天地中最小的一個男孩子。

連氏的家園中，古木鬱鬱，有一株老蓮霧樹已歷百年，猶依然屹立。扶疏的花木，淙淙的流水，雖然稱不上豪華名庭，供堂兄弟們流連嬉戲，倒也綽有餘裕。

重送的父親，對他特別寵愛，每有遊歷，總喜歡由他陪著。故七、八歲小小的年紀，他已遊覽過臺南地方的各處名園，如「陳氏園」、「夢蝶園」等。也曾到岡山去觀賞過古剎修篁。年少的重送記憶力特別強，他記得在他遊「夢蝶園」的時候，曾見到臺灣兵備道夏獻綸所書的匾額「夢蝶遺蹤」。這個匾額，後來佚亡不知去向。

他也曾經在走過西轅門街的時候，看到一個老匠，利用核桃雕刻猴子的形象，做為扇墜；又用胡桃雕成十八羅漢，神態栩栩如生，鬚眉畢現，維妙維肖。這種民間的藝術，細膩而別緻，引起了年幼的重送莫大的好奇心。

他們父子感情深厚，對於兒子的許多問題，連得政總是不厭其詳地細心答覆。有時也在閒談之際，講一些有趣的小故事。譬如說有關「愛玉凍」的傳說：

道光初年的時候，有個同安地方的人，住在臺灣縣治的媽祖街樓，靠商賈為生，他經常往來於嘉義的山中，採辦土產物品。有一天，經過大埔，當時天氣很熱，他走累了，口又渴，便想到附近的溪邊去喝水。沒料到卻見溪水竟然成凍！他用雙手合掬來喝，那水冰涼沁透心脾，真是甘美宜人。他抬頭看四周，只見懸崖間長著高大的古樹，蓊蓊鬱鬱，枝葉茂密，幾乎遮蔽天日。心裡十分納悶：這大熱天裡，哪兒來的冰呢？這時，他發現水面上漂著不少果子，便好奇地舀取，用水輕輕一揉，那果子裡面竟飽含著汁漿。「這水之所以成凍，定必和這果子有關聯。」於是，他撿了幾個果子回家，用水洗淨以後，在一碗清水中不斷揉擠漂洗，讓果子裡頭的汁和水混在一起，然後取去果子，過濾渣子；過了一會兒功夫，那一碗淡黃色的液體果然結成凍了。他又發現，將這種凍切成小方塊，摻和些許糖水，則更加美味可口。

從此以後，他經常到那個溪邊取果子，製成了獨特的消暑解熱的點心，並且讓他的十五歲女兒到街上出售。行人到那攤子上買一碗物美價廉的果凍，都覺得全身暑氣頓消；可是又都不知道這是什麼東西？叫什麼名字？那人緊守著秘密不肯告訴別人，而他那個十五歲的女兒長得楚楚可人，名字叫愛玉，大家便很自然的把她所出售的這一道美味點心喚做「愛玉凍」了。

有一次，重送在長輩們的言談中聽到「蘇州」這個地名，據說是一個江南的風光明媚的地方。小小心田裡，竟留下難忘的印象，發願日後長大，必要一遊其地。

從前的人沒有公家小學可讀，男孩子到七、八歲左右，多數在家鄉請一位家庭教師啟蒙，叫做「破筆」。重送八歲那一年，和他的同鄉小孩張文選，也一同拜了魏一經老先生為師。從此，正式改乳名「重送」為學名「允斌」了。不過，除了魏老先生之外，他的姊夫鄭夢蘭在家中也時時指導他讀四書、五經。

馬兵營的宅第，這些年來人口增加，而孩子們又漸漸長大，顯得有些擁擠，所以得政便將原有的房屋稍予擴大。新修建以後的馬兵營屋宅，可以容納二十多人居住。可是為了德裕（二哥重裕的學名）和允斌諸兄弟的讀書環境，他便再購置近旁的「吳氏園」，專供他們讀書習字之用。這個「吳氏園」，本來是雅人吳尚霑先生的別墅，占地大約五畝。園中種植各種花草樹木，且有泉流奇石，四時都有美景可賞，尤以秋季為最，無論賞月、聽雨、伴竹、彈琴、讀畫、詠詩皆相宜，所以園中的一個館宇便取名為「宜秋館」。宜秋館的外面有亭子，四周設勾欄。亭子是築在池塘中央，而池水中遍植著荷。初夏之際，荷花盛開，清香隨風襲人，南臺灣的驕陽雖豔，讀書其間，倒是別有一番情致。由於生長在這樣的環境中，允斌不自覺的也養成喜愛花的個性，他也隨著大人們種植各種花卉。蘭、蕙、菊、茉莉、晚香玉、水仙花。庭隅，道畔，各季花開，幾無隙地。

連得政經營的是民間的糖廠。經商雖然用不到大學問，可是他對於孩子們的教育卻十分重視，不僅為他們布置幽雅的讀書環境，又時時添購許多書籍，供他們閱讀。逢著閒暇的黃昏，他總是愛到這「吳氏園」來看孩子們讀書玩耍的情形；興致好時，也會親自煮一壺茶，坐在樹蔭下的大石上和他們閒談。他談話的內容範圍很隨便，也很廣泛：時則家務瑣事，時則天下大事，許多做人處事的道理，便在這種不拘形式的漫談間牢牢灌注入孩子的腦中。他自己平日很喜歡閱讀歷史書籍，舉凡《春秋左氏傳》、《戰國策》、《史記》，乃至於《三國演義》等書，都是十分詳熟的。對於思智日漸開發的允斌來說，這時候最大的樂趣莫過於陪在父親身旁，看他一邊品茗，一邊侃侃而談古代的一些忠義故事了。

十三歲那一年，允斌改在觀音亭街從師讀書。允斌秉性聰明，又好學不倦，具有驚人的記憶力，可以過目成誦。《史記》項羽本紀是一篇長文，可是熟讀幾回之後便能默誦不遺。他的父親對於這個聰明伶俐的兒子，十分疼愛，欣喜異常。

有一天，連得政以兩金代價買了一部余文儀主修的《續修臺灣府誌》送給允斌，告訴他：「你身為臺灣人，不可以不知道臺灣的事情。」

允斌懷著興奮的心情讀完了這本書，可是他發現此書的內容太過簡略。父親說：身為臺灣人，不可不知臺灣事；然而這樣一本薄薄的《臺灣府誌》又豈能滿足想知臺灣事的人呢？身為臺灣人的允斌，內心有了一個念頭：我要努力讀書，我要用心蒐集有關臺灣的史料；將來有一天，我要寫出一本更完整的記載臺灣事蹟的書！這樣才不辜負父親的一番心意；才不辜負故鄉臺灣。

得政不僅對於孩子們的學業十分重視，對於他們的人格修養更能以身作則，潛移默化，這點尤其重要。他平日為人仁厚慷慨，時常濟助族人和鄉里。他的哥哥得敏去世得早，遺孤只有數歲，寡嫂無以為生，母子的生活所需便是得政供應的。姊妹之中不幸早寡的，也都得到他的照料。他對待外甥們，一如親生子女，衣食和教育諸細節，都照顧得無微不至。遠近親戚，貧困的，也總是暗中接濟。他這種樂善好施，但求盡心而已，並不想求聞達的行為，贏得人們對他由衷的敬佩。

每年元旦，得政定必帶領子姪輩去掃墓，看到道上有連氏失祀的墳墓，他便自動整修，並率同小輩一起祭祀。中國人最重視孝道，他這種實際的身教行為，給予年輕人的印象最是深刻，更勝過讀書說教。

臺灣城守營凌定邦為廣東人，死後留下巨大的債款，無法償還。得政與凌定邦相識，哀憐其孤兒，慨然無條件地拿出二千金，使得喪事順利完成。

同治六年（一八六七），臺灣南部鬧饑歉，穀價大漲，許多人買不起米，全家老少挨餓著。得政採購了白米一千石，以平價售出；至於窮人，則每日救濟二升。這雖然使他耗去數千金，但是行善最樂，他心安理得。次年，仍然歲收欠佳，他又慷慨行善如故。

臺南城東邊的舊社陂有許多良田，有一個名叫王國香的奸人想要獨擅其利，引起了佃農的公憤，把他驅逐趕走；沒想到這王國香竟然倚仗著認識幾個官場上的人物，反而誣告佃農們，要把他們逮捕下獄。可憐無知又無勢的老百姓，眼看著就要被奸人陷害而無能自救。得政聽到這個消息後，毫不加考慮地捐出錢，以平息訟事，營救無辜的農民。這雖然是消極的行為，但以同樣無所憑仗的一介平民的立場而言，也算得上是仗義之舉了。

芋仔埔是海邊的一區貧瘠之地，當地有許多赤貧人家無以為生，婦孺相率到東門外撿拾遺穗。他們往返要走二、三十里的路途，而所得僅只是一些零碎的甘藷或菜葉而已。這些衣衫襤褸的人，經常走過「芳蘭」店鋪的門前，得政見了，十分同情，便每天散發給他們幾千錢。起初大家都狐疑不能相信。「不相不識的，究竟這錢給我們做什麼呀？」他們都不敢貿然領受。得政告訴他們：「拿去吧。至少你們可以買個粽子什麼的填飽肚子啊。」這才使人相信，於是大夥兒雀躍歡呼，連連道謝而去。

諸如此類的善施，在得政的一生中屢見不鮮。他平日嚴以律己、寬以待人，從來也沒有見過對人疾言厲色，所以能贏得內外之人一致敬佩。

光緒十九年（一八九三），全臺採訪孝友之士，以表揚好人好事。進士施士浩、舉人蔡國琳、許南英、拔貢傅藻文與歲貢石時觀等人，共同推薦得政：「孝友端人，事蹟確鑿」；福建臺灣巡撫邵友濂題請旌表，結果奉旨建坊，入祀孝悌祠。

從得政的平日言行看來，這件事誠然可以說是名實相符；而他的典範楷模也就是兒女們最好的做人榜樣了。

連家在馬兵營勤勤懇懇經營糖廠蘭芳號，雖然算不上特別富裕，但得政秉性仁厚，樂善好施，除了助人無數，鄉黨有急事，他更是率先捐款相濟。例如郡城大士殿修理建醮，他以連芳蘭鋪號之名捐銀十大元。這一切的善舉，在得政的慷慨行為之背後，一直都是有一位默默無言的女性支持著。得政的妻子劉妙娘，年少於他十四歲。舊時代的家庭是男尊女卑的。夫妻地位雖然懸殊，但家庭和睦是男主人得以充分展現人格個性的基本。妙娘自己生育三男一女，但她嫁給得政時家裡已經有一個男孩子了。重承是得政的雙親為他未入門就過世的未婚妻沈氏所領養的兒子。這是依照古老的習俗。因此，妙娘除了自己親生的子女之外，也對這個長子呵護備至，盡為母的養育責任。非但如此，馬兵營內住著伯、仲、叔三房，人口眾多，妙娘所要關懷照料的也不僅是自己的小家庭而已。生活在大家庭中，有賢妻如妙娘，得政才能專心事業，又兼顧鄉里鄰人。

像許多人的甜美的少年時代一樣，允斌在寧南坊馬兵營的老家度過了風平浪靜黃金似的優裕日子。他有一位嚴肅而寬厚的父親，有一位慈祥而仁愛的母親，在雙親的翼護下，他和族人兄弟姊妹在馬兵營的宅內嬉戲徜徉，在吳氏園的齋館讀書賦詩。沒有憂慮，沒有煩惱，在溫暖而和平的家庭裡，他的身體一天天茁壯，他的思想也一天天成熟了。

三、劫灰零亂

光緒二十年（一八九四），中日甲午戰爭，清廷敗績。次年，李鴻章為清廷全權大臣，赴日與首相伊藤博文及外相陸奧宗光議和於馬關春帆樓，訂下了令臺灣人士沒齒難忘的馬關條約。這次的議和，清廷不但承認朝鮮為自主國，更答應割讓遼東半島與臺灣、澎湖於日本（遼東半島後因俄、法、德三國出面干涉，由清廷出款三千萬兩贖還）。四月十七日，中日雙方各簽草約，其第二款：

> 清國將臺灣全島及附屬各島嶼，又澎湖列島，即英國格林尼次東經百十九度起至百二十度止，又北緯二十三度起至二十四度之間島嶼，永遠割讓與日本。

又第五款：

本約批准互換之後，限二年之內，日本准清國讓與地方人民，願遷居於外者，任使變賣所有產業，退去界外。但限滿之後，尚未遷徙者，酌宜視為日本臣民。

臺灣的人民何辜？清廷的腐敗懦弱，竟要犧牲臺澎的居民，使奴役於異族！所謂「變賣所有產業，退去界外」，又談何容易，豈是所有不甘臣服於日本的老百姓都能辦得到的呢？

當時，有一些臺灣籍舉人在北京參加會試，聽到此消息，都十分震怖，向都察院上書，全力為臺灣的老百姓請命。然而沒有效用。而在臺灣的紳民也電報清廷說：

割地議和，全臺震駭。自聞警以來，臺民慨輸餉械，固亦無負列聖深仁厚澤，二百餘年之養人心，正士氣，正為我皇上今日之用，何忍一朝棄之？全臺非澎湖之比，何至不能一戰？臣等桑梓之地，義與存亡，願與撫臣誓死守禦。若戰而不勝，待臣等死後，再言割地。皇上亦可上對列祖，下對兆民也。

如此激昂慷慨而沉痛懇切的臺胞心聲，可惜清廷執役者根本不報於上；反而不久便下令撤回守土官。但是，臺灣巡撫唐景崧與幫辦防務劉永福都發誓「與臺共存亡」，而紳士丘逢甲等也不甘臣服異族，因此共推唐景崧任總統，由劉永福率領軍隊，成立了「臺灣民主國」，共推巡撫唐景崧任大總統，以劉永福為臺灣民主將軍。於是上電清廷：

臺灣士民，義不服倭，願為島國，永戴聖清。

又致中外文告：

我臺灣隸大清版圖二百餘年。近改行省，風會大開，儼然雄峙東南矣。乃上年日本肇釁，遂致失和。朝廷保兵恤民，遣使行成。日本要索臺灣，竟有割臺之款。事出意外，聞信之日，紳民憤恨，哭聲震天。雖經唐撫帥電奏迭爭，並請代臺紳民兩次電奏，懇求改約，內外臣士俱抱不平，爭者甚眾，無如勢難挽回。紳民復乞援於英國；英泥於局外之例，置之不理。又求唐撫帥電奏，懇由總理各國事務衙門商請俄、法、德三大國併阻割臺，均無成議。烏乎慘矣！查全臺前後二千餘里，生靈千萬，打牲防番，家有火器。敢戰之士，一呼百萬，又有防軍四萬人。豈甘俯首事仇？今已無天可籲，無人肯援。臺民惟有自主，推擁賢者，權攝臺政。事平之後，當再請命中國，作何辦理。倘日本具有天良，不忍相強，臺民亦願顧全和局，與以利益。惟臺灣土地政令，非他人所能干預。設以干戈從事，臺民惟集萬眾禦之。願人人戰死而失臺，決不願拱手而讓臺。所望奇才異能，奮袂東渡，佐創世界，共立勛名。至於餉銀軍械，目前儘可支持，將來不能不借貸內地。不日即在上海、廣州及南洋一帶埠頭，開設公司，訂立章程，廣籌集款。臺民不幸至此，義憤之倫，諒必慨為佽助，洩敷天之恨，救孤島之危。

並再布告海外各國：

如肯認臺灣自立，公同衛助，所有臺灣金礦、煤礦以及可墾田可建屋之地，一概租與開闢，均沾利益。考公法：讓地為紳士不允，其約遂廢；海邦有案可援。如各國仗義公斷，能以臺灣歸還中國，臺民亦願以臺灣所有利益報之。臺民皆籍閩、粵，凡閩、粵人在外洋者，均望垂念鄉誼，富者挾貲渡臺，臺能庇之，絕不欺凌；貧者歇業渡臺，既可謀生，兼同洩憤。此非臺民無理倔強，實因未戰而割全省，為中外千古未有之奇變。臺民欲盡其棄田里，內則渡後無家可依；欲隱忍偷生，實無顏以對天下。因此搥胸泣血，萬眾一心，誓同死守。倘中國豪傑及海外各國能哀憐之，慨然相助，此則全臺百萬生靈所痛哭待命者也。特此布告中外知之。

可惜，這等悲壯沉痛的決心，究竟臺灣人士所組成的防衛軍隊還是敵不過日軍的堅甲利砲。日本人的艦隊自海上來，由鼎底澳登陸，越過三貂嶺，攻陷基隆礮臺，而直逼獅球嶺。唐景崧聞此消息，竟乘德國商輪逃走廈門。林維源、林朝棟及丘逢甲等人，亦相率而去。

北部既失守之後，臺灣民主將軍劉永福應眾人要求，移駐臺南，重新籌劃防守之策。繼續與敵斡旋，艱苦抵抗。然而死傷甚夥，而餉械以絀，日軍又南北俱逼，劉永福深知事已不可為，本來希望由英、荷領事居中達成議和，可是日方堅持永福至日艦上議款，否則開戰。最後，劉永福也只得從安平乘英艦離去了。

至此，臺灣民主國因主持人潰散無餘，而不得不告終。從光緒二十一年（一八九五）夏四月到秋十月，雖然為時僅只數月，可是這一個夭折的組織，卻意味著偉大的民族精神。臺灣同胞已經盡了他們最大的力量，可以問心無愧了！

這一段大動亂的時間裡，連家竟也發生了一大變故。

正當日軍侵犯北臺灣，唐景崧逃往廈門，人心惶惶之時，得政盱衡時局，他心中知道「事難為」，卻仍與親戚朋友商量籌出糧餉，為保衛家鄉盡個人的能力。他日裡奔走商議，沒有人料到竟一夕而亡故。真正是憂思成疾。時為光緒二十一年（一八九五）六月二十四日（陽曆八月十四日）。時局慌亂，對於連家的人來說則更是國難加上家難，真正禍不單行。得政是連氏七房中的重心人物，他的去世，使馬兵營的連氏宅園籠罩了深深的陰影。對於當時只有十八歲的允斌而言，慈父的去世更是最沉痛的打擊。強忍著苦痛，辦妥了喪事，他內心感到一片茫茫。

在奉諱家居期間，允斌以手抄杜少陵全集，設法抑壓悲哀的國家之痛。唐代的詩人杜甫生逢開元天寶唐帝國由盛極而衰的大動亂時代，親歷兵荒馬亂，目睹民間哀苦，寫下了許多可歌可泣的史詩，也詠出了不少血脈賁張的社會寫實詩，贏得文學史上「詩聖」之稱。當時的臺灣正臨異族侵略，臺民抗暴，正亦戎馬倥傯，四郊多警，許多人避地而居，長巷寂無居人。深夜，伴著孤燈書寫少陵集，那一字一句都深扣允斌的心。十八歲的他與千載前的詩聖神交，一方面覺戚戚焉默許，另一方面則更加添家園悽涼之感。

讀杜詩，又開啟了允斌的詩興，他開始認真地學習作詩。與他來往的朋友，如同鄉葉應祥、陳渭川也都有詩作相示。好友之間的奇文共賞，疑義相析，稍稍治癒了允斌的喪父之痛。這時期，他有一首詩，題為「鞭」：

馬上英雄氣慨然，斷流直欲掃腥羶；
指揮能事乾坤轉，驅逐相隨道路綿。
夜月閒吟楊柳地，春風得意杏花天；

中原今日憂多事，壯志何容祖逖先！

年少慷慨激越的情緒是顯而易見的。

初時劉永福應眾人的擁戴，到臺南來重整旗鼓，準備繼續抗日。他選擇了昔日鄭成功駐師的馬兵營連家宅第，做為軍隊的指揮部。連家的人勻出了一部分屋宇；於是，似乎歷史重演，這個地方又一度成為民族精神的堡壘象徵。只是，這一次非為抗清，而是抗日，其意義毋寧是更重大的。由於「臺灣民主國」的總部在馬兵營的連氏家園內，而允斌又居喪守制在家，所以他利用詩文習作之餘，從事蒐集有關「臺灣民主國」的文告及其他種種資料；大自獨立宣言及往返電文，小至當時通行之郵票，都仔細收藏。他所以這樣做，並不是用以排遣無聊，亦非出於一時好奇，實在是有更深遠的用意。早在他年幼時，父親便以《臺灣府誌》贈送，告訴他：「汝為臺灣人，不可不知臺灣事」；而當時允斌見《臺灣府誌》之簡略，內心便已經有意要為故鄉修一部更完備的史書。如今，他所經歷的動亂，相信在將來必會成為臺灣歷史上的重要一頁，因此他要努力蒐集這些寶貴的第一手資料。這實在可謂為著史的使命感使然。

在連家人籠罩於喪失大家長的哀慟之際，馬兵營之外兵馬倥傯，戰事不停。被清廷放棄的臺灣義勇軍無法對抗日軍水陸雙方面的攻擊，自北而南節節敗退，傷亡慘重。繼新竹、苗栗失守之後，彰化淪陷了，雲林淪陷了。劉永福慨歎：「內地諸公誤我，我誤臺人！」而嘉義也淪陷時，永福深知「事不可為」，故於日軍攻打臺南城外的礮臺時猶親自還擊，打死敵軍數十人，十月十八日便喬裝逃走安平。次日，乘英船爹利士號去廈門。二十日，日軍攻入臺南。至此，「臺灣民主國」不得不瓦解；臺灣遂淪陷於異族。

連允斌正值年輕氣盛之時，他不甘屈服於日人之下。當時，有一些臺灣士紳為避禍難，內渡福建省一帶，稱為「走番仔反」（這裡所謂「番仔」，並非指臺灣的原住民，而是指日本人）。允斌雖然居喪未滿周年，也毅然而「走番仔反」。不過，這件事在他個人而言，實際上，除了消極的避難之外，其實是更具有其積極而遠大的意圖的。

原來他不僅喜愛詩文，注意歷史，更關心時勢；尤其難得的是，又擅長冷靜理智的思考和分析。他靜觀時局動態，於悲憤清廷之腐敗，臺胞的不幸之餘，更推測：日本與俄國將來因利害關係，終難免於一戰；而中國地居此二野心國之間，亦難免牽連其間，屆時，非有瞭解日、俄兩國情勢之人才不可。臺灣既淪陷於日人掌中，將來對日本有研究的人才，應當比較易得；而對於俄國方面具有深刻瞭解的人才，則並不易得。於是，考慮再三之後，他輾轉到了上海，申請入聖約翰大學，專攻俄文。

離鄉背井，負笈內渡，對於一位二十歲左右的青年而言，意味著生命史上一個新的里程碑。

從此，允斌為自己取了一個預備終身沿用的名與字：名橫，字雅堂。

可惜，他雖然有遠大的眼光與理想懷抱，而攻讀俄文的意願並未能夠達成。因為在進入聖約翰大學不久之後，他接到母親劉氏從臺灣寄去的信，促他返臺完婚。

在舊時代裡，「成家立業」是一個男人一生中必須經過的兩件大事；何況父親已經去世，未能親睹自己成婚，如何能讓年老的母親再為自己的終身大事而焦慮呢？雖然他捨不得丟下學業，但孝心使他更不忍拂逆老人家的意願，因此只得輟止學業，束裝返歸故鄉。

臺灣民主國郵票。

四、此事古難全

在連雅堂赴大陸以前，他便與同鄉沈德墨的長女沈筱雲訂親了。

沈家是臺南殷商。本籍福建泉州府安溪縣。

沈德墨從年輕時代，便隨他的父親經商，且習得航海業，常常往來於日本及東南亞各地，懂得好幾國語言。他為人精明幹練，由於數度來臺販運糖和茶葉，其後就安居在臺南。他在臺南經營進出口貿易，先與英國人合作，後來又與德國人合組了「瑞興洋行」。採辦日常用洋貨，分售於臺灣南北，而以臺灣的物品銷售於西洋。其後，為紐西蘭海上保險代理店，臺南的保險事業自此開始。原先臺灣產糖雖多，但製法並不完善。沈德墨從德國購買先進的製糖機器，擇地經營試辦。集集為彰化內山，德墨曾率領匠人入山相度，建寮招募工人，伐樟木熬其腦，遂又以臺灣產的樟腦出口配售於歐洲各地。後來，由於瑞興洋行內部債務關係，合夥的德國商人無力償債，便留下一幢坐落於北勢街的洋房而返回德國。從此，沈氏繼續獨立經營「瑞興洋行」，而沈家的人也就遷居於那幢當時最豪華摩登的洋房裡。這一幢二層樓的洋房有五進深，樓下後面大部分供做倉庫，存放著準備裝船的貨品。

筱雲本是沈家小姐。從小被父母金枝玉葉般地呵護帶大。當時婦女是很少接受教育的，德墨先生卻特別為了這個嬌愛的女兒聘請家庭教師，課以四書詩文等。而筱雲雖然從小嬌生慣養，但她大概是秉承了父親的精明伶俐的遺傳，對於會計方面頗有心得。「瑞興洋行」的帳務，多年來都是由她掌管著。這也就是在男女都時興早婚的那個時代，這位以貌美馳名遠近的沈家小姐竟會蹉跎到二十四歲才結婚的原因。

在沈德墨眼中，這位女兒無異是他的掌上明珠。他雖然很捨不得放走筱雲；但是，女大不中留，又恐怕過分疼愛反而誤了女兒的終身大事。為人之父者，只得在許多登門求婚和託人說媒者當中，慎重考慮。當時向沈家提親的青年很多，他何以偏偏挑重連雅堂呢？這不能不說是他慧眼識英才；他所以殷殷屬意於這位青年，不是因為對方的家庭背景和產業等身外的客觀條件，純粹是看準了年輕的連雅堂個人所具有的獨特氣節風度，以及他的詩文才華。

光緒二十三年（一八九七）十一月十四日，連雅堂與沈筱雲結婚。新郎二十歲，新娘二十四歲。筱雲雖長於雅堂四歲，但是她生得嬌小玲瓏，看來十分年輕。她的臉龐輪廓清楚，天庭飽滿。雙目明亮而圓大，清晰深邃的雙眼皮，與挺直的鼻梁相配，使她看來帶著幾分西洋人的模樣，所以從小就有人給她取「番仔姑娘」的綽號。雅堂則生得清癯儒雅，風度翩翩。瘦長的身材，比他的新娘高出一個頭。親友們見到這一對新人，都認為真是郎才女貌。唯一遺憾的是，雅堂的父親竟不及目睹他所疼愛的幼子今天這個大喜的日子。劉氏和雅堂，他們母子兩人雖然沒有說出口來，可是心裡難免都有同樣的感慨。

洞房之夜，新娘子體驗到一個傳奇性的事情。

那晚，不勝嬌羞的新娘掀開了他們新婚的帳子，沒想到赫然瞥見的竟是一隻腦後梳著紅辮子的白猿。不過，這只是一瞬間的事情，待她定神再望時，只見她溫柔而英俊的新婚夫婿躺在那兒。這事情，她在三日歸寧時，曾向母親提過，她母親囑咐她：千萬不要對新郎說，這一輩子也不要告訴他。

這真是一件不可思議的事情。可是，沈筱雲始終認為她所嫁的人是一位非同尋常的人物——她相信她的丈夫是「玉猿」的化身。

連雅堂和沈筱雲結婚不久，臺灣全境鼠疫流行，馬兵營連氏宅第內也有人感染這個可怕的瘟疫，有人甚至病發不治。沈德墨擔心愛女的健康，便建議這一對新婚夫妻遷移到寬敞的北勢街沈府避疫。

沈氏府第內丫鬟僕役很多，他們把這一對歸寧的小姐和姑爺伺候得無微不至。而雅堂自應母命中途輟學返里完婚後，就暫時無意再離開新婚的夫人，也沒有正式參與外事。他除了陶醉於甜蜜的新婚生活之中，便是閉門讀書。當初赴上海入聖約翰大學的目的是在攻修俄文，如今既然無法達成這個意願，他便轉而自修日文。

這時候的連雅堂只有二十歲，正值血氣方剛的時期，國仇家恨，他不是不知反抗日本人的奴役統治。然而，究竟國家鄉里的命運，不是匹夫的衝動所能挽救的。臺灣被侵占，既已成事實，則只有暫時忍氣吞聲，而兵家所謂「知己知彼，百戰不殆」；只是仇恨敵人，並無濟於事；要反抗敵人，先需要瞭解敵人，這就是雅堂所以開始研究日文的原因。他學習日文的原因係出於自動，不是被迫，決非為了投機獻媚，實在是出乎一介書生的深刻用意。

從上海回到臺南之後，他發現里人中有志於詩者頗多。當時詩友之一的葉應祥已經去世，於是便與陳渭川、吳楓橋、張秋濃、李少青、曾復生、蘇捷稊、蔡維潛等人共結「浪吟詩社」。在這些人當中，連雅堂算是比較年少的一個。

古今詩人都是熱情浪漫的，雖然當時時局艱難，志同道合之士聚會在一起，時則高談闊論，時則切磋琢磨，倒也聊堪逃避現實的苦悶，而寄託感慨情懷於一時。這個詩社的組成分子有一個定規，那就是大家要多多接觸，以溝通彼此，免於使詩社流於形式化。他們有時一個月聚一次，有時甚而多至月會數次。而春秋佳日，則多選擇城外的佳景名勝古剎做為會聚之地，竹溪寺、法華寺、海會寺等地方，都是這些騷人墨客經常流連賦詩之處。

有一個夏天的月夜，雅堂和筱雲的弟弟沈少鶴，及李兆陽等人泛舟於安平渡口。郭壽青也帶著琵琶趕到。壽青精於金石絲竹各類樂器，尤其擅長琵琶。他們盪舟水上，當時夜已半，月色水光，涵虛無際。壽青便彈奏水操之曲。不多久，遠方似傳來咿啞之聲，既而有喇叭聲、傳點聲、士卒呼唱之聲由遠而近；忽而又聞鼓聲隆隆然，旗聲瑟瑟然，刀聲鏘鏘然，櫓聲悠悠然，風聲水聲蕩蕩然，兩軍激戰之聲轟轟然，有如周郎之火赤壁，岳侯之破洞庭，足以振人尚武。而樂聲正當高潮之時，又突聞畫然一聲，四絃俱寂，只見月光與水光交輝，舟中人都屏息傾聽。雅堂從音樂的陶醉和震撼中醒來，不覺得連連稱讚，並且舉杯酬勞。眾人也紛紛舉杯頌歎。壽青有些兒自負，也有些兒遺憾地說：「我的技藝雖然算不得什麼，可是，當今臺南，恐怕還沒有人能跟我相比的吧。只可惜我活了一把年紀，學無所長，只落得以琵琶見稱。這輩子也沒有什麼好指望的了，只希望將來雅堂兄能替我寫個傳什麼的，讓後人知道這麼回事，也就別無所求了。」

這一晚，大家的遊興和詩興都很濃。連雅堂寫了〈六月既望，偕沈少鶴、余屏君、陳瘦雲、李兆陽、郭壽青泛舟渡安平渡口，黎明始歸〉四首七絕：

赤壁壯遊已千古，大江東去酒頻澆。今宵打槳安平渡，天際雄觀國姓廟。

半船明月半蓬煙，對酒高歌雜管絃。夜半江魚驚出聽，一聲撥剌落燈前。

鯤身漁火隔江明，鹿耳新濤拍岸鳴。歸際酒酣天欲曉，一燈微見赤嵌城。

何人灑酒臨江夜，亦有中流擊楫過。如此壯心吾欲起，那堪安樂聽漁歌！

昔日蘇東坡赤壁懷古，寫下激昂慷慨的「大江東去」名句；而今連雅堂遊安平港，見「鹿耳新濤拍岸鳴」，遙望赤崁城，亦正於遊興之中參和著真情壯志，所謂「那堪安樂聽漁歌」，這裡面所蘊藏的沉痛之情，當然不是那種「隔江猶唱後庭花」的耽樂無知之唱；只是站在時代大環境的悲劇舞臺上，一介小我於悲歌之外又能如何呢！

在新婚的這一段期間裡面，連雅堂住在沈家，而沈府資業雄厚，奴僮眾多，他受到岳父岳母呵護周到的款待，不必憂慮生活，所以並不急著找尋工作。沈德墨雖然是商賈出身，然而他十分賞識這位多才多識而有氣節的女婿，對於他因與愛女完婚而中途輟止的學業，也有幾分抱歉的意思，所以反而時時鼓勵雅堂暫時勿以事業為慮，多多讀書充實學養。故而這時期，連雅堂居家則閉戶讀書，有嬌妻作伴；出外則廣結文友，不僅與南部的詩人雅士經常來往酬吟，有時且赴臺北，與北部的士人也有所接觸。當時臺北方面有一個詩社「玉山吟社」，本來是由日本文人所組織的一個文學集團，不過也兼容臺籍人士，北部的一些騷人墨客也參加的。有時，大陸來臺的文士客寓基隆、臺北等地，也會受到這個「玉山吟社」的邀約聯歡。這時候，年少的連雅堂已在臺南一帶漸享詩名，所以北部文化界有盛會，每每都會邀請他。有時「玉山吟社」的文友也會將他們的詩文郵寄贈與他。

在連雅堂和沈筱雲婚後的翌年夏天，他們的第一個孩子誕生了；是一個女兒。這個女嬰長得十分玲瓏秀麗，酷肖她的母親，有一對清晰雙眼皮的明亮大眼睛，鼻梁挺直與天庭飽滿，直是她母親的印模似的——沈家幾代有一個奇特的遺傳，長女一定肖像母親，那就是說，沈筱雲像極了她的母親；而今這個女兒夏甸，又直襲筱雲的美麗。不過，這女嬰的一張薄薄小嘴，倒毋寧是父親的遺傳。這奇妙的配合，使這女嬰人見人愛。

二十一歲的年輕父親，內心更有如獲至寶的欣喜。本來，在那個古老的時代，在那個重視子嗣、重男輕女的大家庭制度之下，首胎弄瓦，未必是頂受歡迎的；然而這個在沈府誕生的連雅堂的長女卻受到兩家無上的愛護。因為雅堂是一個開明之士，他的思想不囿於傳統的習俗，而筱雲的父親，則因為這是自己愛女的長女，是他盼望已久的孫輩，所以更是興奮異常。他全然沒有在意這是他的外孫，而且是一個外孫女兒。看著那一張美麗的小臉蛋，府第上上下下都喜氣洋洋。

許是做了父親，在心理上有一種成熟感，在精神上有一份責任感的緣故吧。連雅堂不再閉戶讀書，而想積極參與社會工作，以求自我的發展，並貢獻一己的才能於鄉里。這時，臺南的「臺澎日報」創刊。這是一份兼容日文與中文的報紙，雅堂便應邀入這個報社，負責漢文部主筆的工作。

連雅堂能主持「臺澎日報」漢文部主筆，完全是由於他既有的詩文根基，以及他在南臺灣一帶文壇上日愈著顯的聲望；可是，更重要的是，在當時文人聚會之際，他每常發表開明先進的論調，以及對於社會時局的積極關懷的態度，這是做為一個報人很重要的條件。進入報社之後，果然他伸紙吮毫，縱橫議論，不負眾望，同時也展現他的才識。他自求進步，愈加努力自修，擴大閱讀的範圍，以為執筆寫文章的滋養；同時，由於出任報務後，來往結交的面也更擴充，而且由於實際環境的需要，不得不更積極學習日文了。

雖然，這份工作十分勞神，當時只有二十二歲的連雅堂倒是樂此不疲。同時，無論工作多繁忙，他都沒間斷深夜讀書的習慣。後來他曾經在《詩薈餘墨》裡寫過一段短文自述：

人生必有嗜好，而後有趣味，而後有快樂。酒色財貨，人之所好也，而或以殺身，或以破家，或以亡國。唯讀書之樂，陶養性情，增長學問，使人日遷善，而進與高尚之域，其為樂豈有涯哉？余自弱冠以來槖筆傭耕，日不暇給。然事雖極忙，每夜必讀書二時，而後就寢。故余無日不樂，而復不為外物所移也。

翌年，「臺澎日報」與「新聞臺灣」合併，改組為「臺南新報」，漢文部仍然由連雅堂擔任主筆。這個報社也偶然舉行一些社交活動，例如主辦「赤城花榜」，遴選十美——這恐怕是臺灣最早的選美活動。當時贏得第一名的是年僅十五歲的北里少女李蓮卿。她生得豐姿曼妙，秀外慧中，自從榮登冠軍後，更名噪一時，傾倒眾生。可惜紅顏遭妒，次年竟以十六歲的花樣年華病歿。雅堂並未因蓮卿的出身而有絲毫蔑視之意，相反的，他對於這個貌美而不幸的少女寄與純摯的同情，生前死後都有詩紀念她。在〈悼李蓮卿校書〉的小序中有文：「李蓮卿，北里之翹楚也。豐姿妙曼，秀外慧中，余一見而悲其遇。客秋，余開赤城花榜，拔女冠軍，頓覺名噪一時。人為女幸，而女則自悲不已，蓋狂且之肆辱由是而起。余至是而為之恨矣。本年七月朔，女以病歿，年十有六；人為之弔，余則為之賀也……」

雅堂是一個仗義直言的報人，同時也是一個深情善感的詩人，更難得他有開明的思想。他對於男女平等一事，比誰都早覺悟，所以對際遇不幸的弱女子特別同情。這與一般男人對女子憐香惜玉心理並不相同。這一點可以從另外一件事看出來。

中國婦女自宋代以來便有纏足的習俗，而臺灣移民的祖先多數於明清時代來自閩南，所以也保留了許多古老的習俗。馬關條約前後，除了客家婦女以外，大部分的人也都視三寸金蓮裹小腳為美觀。「女為悅己者容」，這種不正常的審美觀念一代一代相傳下來，真不知使多少婦女受苦！而且，纏足不僅不美，更扭曲了人體自然的骨骼，既妨害衛生健康，又使人行動不便。女子若要與男子論平等，首先應割除的該是這個裹小腳的陋俗了。當時，有一位先知先覺者黃玉階，和一些開明之士在臺北創立「天足會」，呼籲解除那一條又臭又長的裹腳布，讓婦女也像男人一樣可以用天生自然的腳自由闊步。不久，許廷光在臺南響應，也組織了「臺南天足會」，自任為會長。連雅堂和其他七位人士為幹事，他們透過報紙傳播，鼓勵婦女為爭取自由平等解開那一條自我捆束的布。

在雅堂個人而言，他這種愛護女性的思想，或可能受自小時候他父親的先見之明。他記得自己幼小時，常常看到母親為求一雙嬌小的腳而受盡苦痛，而他的父親得政總不以為然地說：「不要綁了，不要去理別人怎麼說。難道這個家容得下你，就容不下你的一雙腳嗎！」不過，雅堂對於自己夫人那一雙自幼裹得小小的腳卻沒有積極的辦法，他只好消極的勸筱雲逐漸放鬆，不要再繼續折磨自己；而對於女兒，他當然是一任其身心自然生長發育的。

連雅堂因為婚後不久即移居於岳父家，與沈筱雲的弟弟沈少鶴十分友愛，情同手足。少鶴比雅堂年長二歲，他雖生於商人家庭，卻長得豐儀整秀，一表人材，又天性穎悟，喜好詩文風流，所以每遇文士雅聚，雅堂總是邀請他參加。可惜，少鶴文弱多病，竟以二十五歲的英年病故，留下年老的父母，白髮人送黑髮人，傷痛欲絕。少鶴的兩個弟弟又都還幼小；何況寡婦年輕，孤兒又都在襁褓中。幸而雅堂當時住在沈府裡，不啻是一家的精神支柱，他一方面要安慰岳父母與寡嫂，一方面又得奔走料理後事，身心俱疲。對於他個人而言，驟然失去了一個亦手足亦友的知己，內心悲痛是可以想見的。他寫了八首七言絕句〈哭沈少鶴〉，以宣哀悼之情。其中有四首如下：

一別匆匆便渺茫，人間何處遣巫陽？
招魂獨向城南哭。淒絕秋風淚幾行。（君葬在城南）

四年風雨話聯床，一劫人天別恨長；
今夕引杯還看劍，張燈不見瘦腰郎。（余寓君家，今四年矣）

椿萱衰暮已堪傷，荊樹花殘更斷腸。

半畝池塘秋水冷，哪堪比翼痛鴛鴦。（嫂夫人尚少艾，二子大者四歲、小才兩月）

論文肝膽凜秋霜，說復深情在渭陽。

一語告君如曦日，事親戢首我擔當。（余祭文中有君之父母即余之父母等語）

這裡面充分表露了詩人深情，也可以見到詩人義重。

翌年四月，雅堂與筱雲又獲得一女，取名為春臺。這個女嬰長得不如大女兒秀美，可是白胖惹人愛。

死是可悲，生是可喜，而人生往往悲喜交替，死生輪換；少鶴的夭折，無論對身為長姊的筱雲或姊夫雅堂而言，總是拂不去的心頭哀傷。北勢街的沈家整個陷入了黑暗之中一般，但是這個乖巧的小生命的誕生，卻使黑暗之中透現一絲光明。生，是多麼莊嚴，多麼可慶喜啊，甚至連外祖父和外祖母都暫忘喪子的悲痛，用顫抖的胳膊抱起這新生的嬰兒，二老的眼尾嘴角竟泛著一絲笑意！

然而，命運有時真的是難以逆料的。正當雅堂由悲轉喜的當兒，沒想到另一件教人心痛的事情突然發生了。

日本政府強行徵購馬兵營的連氏宅第，先是於其地設立「輜重部」（即後勤部）；其後改建為臺南地方法院。

寧南的馬兵營，曾是鄭成功駐師的地方，當臺灣民主國抗日的時代，也一度曾為劉永福暫遁以重振旗鼓之處所；更是連氏自渡臺以後，七代七房族人所居住的老房。這個地方，占地十餘畝，經過代代族人的擴建整修，無論危牆畫棟，花木泉石，每一寸土，每一方地，都蘊藏著連氏家族的心血和感情。對於雅堂個人而言，則又是他誕生、成長，乃至於新婚期所居住的地方。馬兵營，在他的心裡，不僅只意味著一個家，實在是整個少年光陰的紀念。加上了歷史的烙印，那裡面有太多家國的悲歡哀樂與鮮明活生的記憶。

然而，一紙令下，日本人要收購它，毀壞它；在異族奴役之下的小民，又有什麼抗拒的憑藉呢？從此，庭園樓臺夷為平地，七房族人四處星散七代家世不復團聚，兒時的歡愁亦隨之煙消霧散了。

雅堂先生任事甚久之臺南新報社。

五、吾黨吾國

光緒二十六年（一九〇二）八月，雅堂二十五歲，赴福州應經濟科的鄉試。考題為「漢唐開國用人論」、「勾踐焦思嘗膽論」、「子貢使外國論」等。這些歷史故事和人物，都是雅堂從小讀史有心得的範圍，而正當青年遭遇國難家難之際，自是胸中一番激越，不吐不快。於是，他揮毫暢論，難免有干時忌的激語。結果，考官給他卷子的批語是：「荒唐」；考試當然無法及第了。

其實，雅堂自己也知道，以他開明的新思想，要通過保守的考官青睞，根本不可能。他對於這次的考試，本來就不存什麼希望；落第也就滿不在乎，只當他是藉此機會一遊福州，順便調養身心而已。後來每提及這件事，雅堂都自覺好笑。

他這次到福州赴鄉試，是與友人林輅存同借住在福建長樂人施景崧家裡。考試未能及第，附近的名勝倒是遊覽欣賞了；不過遊興濃時，總難免感慨家國。有一回，由施景崧為主，邀請連雅堂等人，一行七人同遊馬江。當晚月明水清，雅堂身在內地，心繫海峽對岸的故鄉，寫了一首〈馬江夜泛〉：

瞑色迷天末。清空起濯謳。山隨帆影轉，月逐浪花浮。
橫槊蒼涼夜，艱危擊檝秋。馬江嗚咽水，何日挽東流？

這次的旅行，是與妻子婚後的首次別離。雅堂多情重義，所到之處，除信函馳報平安外，另有詩寄給筱雲。

赤崁城泊晚來潮，烏石山童落木凋。一樣秋風吹大地，英雄兒女客魂消。〈三山旅次寄內〉

南江水接北江湖，奈此重瀛隔阻遙。卿在吳頭儂楚尾。就中打槳也魂消。
每勞錦注勤加餐，一枕清涼夢亦安。老母嬰兒無恙也，朔風吹到客衣寒。〈寄內〉

遊罷福州，又留滯廈門，在那裡主「鷺江報」筆政。
鼓浪嶼在廈門港內。這裡本是鄭成功曾經屯兵的一個荒島，但是由於氣候宜人，而又多奇花異草，後來便有許多富人在島山築別墅隱居；而自從這一年清廷將這個地方闢為租界後，各國領事館設立起來，許多西方人士也居住在此，小小一個島嶼竟變得像世外桃源一般。

這裡有一個「怡園」，園主是林輅存。「怡園」之中有一口鹿泉，相傳是當年鄭成功拔劍砍地的痕跡。雅堂應邀渡港去造訪此園，並與園主暢談甚歡。他們兩人都喜歡吟詩弄文，思想也十分開明前進。他們把酒品茗，從文學談到國是，從人權問題論及男女平等，愈談愈投機。輅存並將榕東才女蘇寶玉所寫的《惜別吟詩集》的稿子拿給雅堂看。雅堂讀後大為讚賞，卻又感慨於當時我國女權不振，不知埋沒了幾許女性人才。後來他為這個《惜別吟詩集》寫了一篇序，刊載於《鷺江報》。這篇文章，可以說是連雅堂公開發表國是主張的一個開端。其全文如下：

> 臺南連橫歸自三山，留滯鷺門，訪林景商觀察於怡園，縱談人權新說，尤以實行男女平等為義。酒酣氣壯，景商出詩稿一卷，云為榕東女士蘇寶玉所著，其身世詳於乃兄幹寶序中。連橫讀竟而嘆曰：中國女權不振，一至於此歟！三綱謬說，錮蔽人心；道德革命，何時出現？夫政治之原，造端夫婦，族制文化，肇立家人。婚姻之禮正，然後家齊、國治而平天下也。晚近士夫倡言保種，推原女學不昌，是誠然矣！雖然，如寶玉者，豈非深於女學者歟？天特厄其遇者何耶？寶玉生於寒門，明詩習禮，因父醉語，誤適非夫，時年猶未笄也。向使女權昌熾，人

各自由，則早晚專制之異線矣。何至含苦難言，寄托於吟詠間，自寫其抑鬱牢騷之氣？習俗移人，賢者不免，余不為寶玉責，而特罪夫創『父為子綱，夫為妻綱』者之流毒至此也。同此體魄，同此靈魂，男女豈殊種哉？而扶陽抑陰者，謂女子從人者也，奴隸待，牛馬畜，生死榮辱，仰息他人，莫敢一破其網牢。若曰此女誠也！此婦道也！蝟蝟此豸，誤守聾言，彼蒼蒼豈任其咎哉？近者中原志女，大興婦風，設女學、開女會、演女報者接踵而起，寶玉丁此時勢，埋沒於荒陬僻壞，不獲與吳擷芬、張竹君、薛素琴輩把臂其間，寶玉誠不幸矣！猶幸其能以詩傳也。烏乎！中原板蕩，國權廢失，欲求國國之平等，先求君民之平等；欲求君民之平等，先求男女之平等。灑筆書此，以告景商，並以質天下之有心人也。壬寅冬十月望日，臺南連橫天縱甫書於鼓浪洞天之下。

這一篇文章雖是為一位女詩人的詩集而寫的序，但是，於惜蘇寶玉其人之餘，竟借題發揮雅堂個人的觀點識見——他一方面申張人權，議論男女宜平等，同時還痛惡清廷之腐敗，認為專治制度是中國衰弱的一個致命傷。這一點可以從此序文的末語看出。所謂「烏乎！中原板蕩，國權廢失，欲求國國之平等，先求君民之平等云云」，已是革命的論調。難怪他應鄉試策論不第，考官說他「荒唐」。他那些考試卷子雖然已佚，今日無由窺見，但是以此思想心胸，其內容之激越，可想而知；而正因為如此，滿清官吏當然是不可能接受他的論調了。

連雅堂究竟是否曾加入革命黨與興中會為會員？中國同盟會為會員？或成為國民黨黨員？在現在已知的檔案中，一時還很難發現具體的資料。不過，從以上引文的言論看來，他的思想至少已經頗為傾向革命黨派。此外，他這個時期另有一詩也很值得注意。他有題為〈重過怡園晤林景商〉七律三首，其末首如下：

> 拔劍狂歌試鹿泉（自註：鹿泉在怡園內，相傳鄭延平手鑿，景商有銘泐石其旁），延平霸業委荒煙。揮戈再拓田橫島，擊楫齊追祖逖船。眼看群雄張國力，心期吾黨振民權。西鄉月照風猶昨，天下興亡任仔肩。（三首之三）

詩中所說的「吾黨」豈非革命黨嗎？

國父創興中會於檀香山，是光緒二十年（西元一八九四）的事情，為訂立馬關條約之前一年。當時連雅堂才十七歲。三、四年以後，陳少白曾經來臺組織第二個中興支會於臺北（第一支會在日本橫濱），而那時雅堂已是二十一歲的青年。他個人又已經歷了家難與國難雙重不幸，中間也一度曾到廈門、上海等內地；耳聞目擊，以他血氣方剛之際，對於這一件大事不可能不注意，或者甚至於熱血沸騰，感覺興趣。而國父又於光緒二十六年（西元一九〇〇）親自到臺北，以臺北為基地，指揮惠州起義。這時，雅堂二十三歲，已經成家立業，為「臺南新報」漢文部主筆。以一個報人的身分，定必消息靈通。他或許往來南北，與孫中山先生會見也未可知。他後來自號「武公」。為什麼要叫做「武公」呢？據他日後對長女夏甸私下說：「那孫中山先生，他叫『孫文』；我連橫便叫做『武公』。一文一武，各在北南。」這一番話雖自負，卻又表現了他對國父十分心儀的一斑。

在鷺江一帶盤桓，不唯交遊賞景而已；世局國事，撫今追古，雅堂心中感慨良多，有〈鷺江秋感〉七律四首，敘述滿懷家國之恨：

西風落木鷺門秋，漂泊人如不繫舟。家國事多難穩臥，英雄氣壯豈長愁？
霸才無主傷王粲，奇相伊人識馬周。潦倒且傾村店酒，菊花開到故園不？
登樓遙望海門東，萬派商聲失斷鴻。漂泊風塵看劍老，浮沈身世笑詩雄。
連天雨腳翻濤白，極浦雲根射日紅。最是悲秋嘗作客，傷今弔古恨無窮。

延平霸業久銷亡，兩島難將一葦航。西北妖氛傳露布，東南大局失雲章。
滿城風雨思鄉淚，匝地干戈弔國殤。入夜笳聲吹到枕，夢魂無定賦歸鄉。

天河萬里水橫斜，泛海難浮博望槎。邊塞征夫彈劍鋏，隔江商婦奏琵琶。
琴樽寄興消豪氣，松菊驚秋感歲華。咄咄書空題雁字，倚欄信手數歸鴉。

不久，雅堂返歸臺南。

臺灣是連雅堂的故鄉。他對這裡的一切有一份深厚的感情。雖然，流連廈門、福州一帶，他結交了不少開明之士，可以暢論世局大事；可是，每一念及淪陷於異族掌中的這一個孤島，他的心便隱隱作痛。何況，他還有老母及妻女在這裡，雖云男兒志在四方；為人之子、為人之夫、為人之父的責任，卻又不由自主地召喚他回到自己的根所在之地。

臺灣雖為東南一島嶼，但各地文人雅士並不少，相聚敘談作詩互勉，成為他們生活中一項頗重要的活動。林朝崧（又稱癡仙）和他的姪兒實修、賴紹堯等人在臺中霧峰倡始詩社，名為「櫟社」。朝崧自我調侃道：「吾學非世用，是為棄材；心若死灰，是為朽木。今夫櫟，不材之木也，吾以為幟焉。其有采從吾遊者，志吾幟。」這個號召之下，參加者有蔡振豐、陳瑚、呂敦禮、陳懷澄、陳錫金等十數人。他們都是臺灣中部苗栗、苑裡、豐原、鹿港等地人。每逢春秋佳日，會集聚一堂，擊鉢分箋，頗能酬唱分享其樂。不過，在他們作詩分享其樂的同時，臺灣的人民其實是心中有很沉重的抑鬱的。儘管個人的才華如何高，家庭怎樣優裕，他們都生活在異族統治之下的大環境裡，這是他們無法改變的現象。

日本人占領臺灣後，在積極的方面是想把這一個島上的居民奴化，使風俗習慣逐漸日本化；在消極方面，則有計畫地摧毀我國文物，使中華民族的傳統精神逐漸褪去，所以他們對於歷史古蹟，一任其荒廢，而不肯加以修護。

臺南的「五妃廟」，原來是紀念明朝寧靖王術桂的五位妃子袁氏、王氏、荷姑、梅姑、秀姐殉國殉王而建造，而將淪為廢墟。雅堂身為臺南人，不忍心見其如此，便發動鄉里人士，共同出資營修。營修完工後，並率領眾人奉殤致祭。這天，正是五妃從死的日子，在場的人士莫不感動落淚。為了紀念這件事，連雅堂並撰寫了一篇〈重修五妃廟記〉：

烏乎！天下死節多矣，而五妃獨以國死，豈如匹夫匹婦之為諒哉！當清師之下澎湖也，鄭氏君臣奉表降，寧靖王術桂自以天潢貴冑，義不可辱，從容就節，而五妃亦相從以死。臺人哀之，葬諸寧南之桂子山，並立廟以祀，則今之累然在墓者也。改隸之後，棟折榱崩，日就荒廢。

余過而傷之，乃謀諸同志，鳩工治材，以張子甦園董其事。既成，奉觴致祭，眾皆感動，則五妃從死之日也。嗟夫！湘江帝子，望斷君山，蜀國梟姬，魂沉吳水；況以五妃之殉國、殉王，而可任之湮滅哉！青榕長在，彤管流芳，後之過者，其亦有感於國破家亡之慟，則五妃之靈猶在其上矣！癸卯夏六月二十有五日，臺南連橫記。

借古以喻今，文中所謂「青榕長在，彤管流芳，後之過者，其亦有感於國破家亡之慟，則五妃之靈猶在其上矣！」這不就是雅堂自己的感慨？不就是所有與他相同處境下的臺灣人民的感慨嗎？

光緒三十年（西元一九〇四），是很值得紀念的一年。如多年前連雅堂所料——這是他根據讀史的知識及分析時勢所得的判斷——日本與俄國之間果然爆發了戰爭。日本與俄國，是中國的兩個鄰近野心之國。這次戰爭雖是他們二國的事情，但中國地處其間，何況旅順之役、奉天之戰，都是在我國領地展開的戰爭，財物生命的損喪，自是難免，但是滿清政府的衰弱，卻又無可如何，真正所謂「人為刀俎，我為魚肉」了。

但是，這一年對於雅堂和筱雲夫婦而言，則又是一個可喜之年。春天他們獲得了一個男嬰。雖然，連雅堂的思想極開明前進，他又力主男女平等，本來生兒生女，都是一樣可喜；不過，究竟他們夫婦之間已經有了兩個女兒，如今再添生一個兒子，總是上天的恩賜。至於筱雲，身為連家的媳婦，結婚七年始舉一男；在那個古老觀念和大家庭制度下，更是一大安慰，感覺如釋重負，尤其興奮。

這個嬰兒生得眉目清秀，酷似父親，且又十分伶俐，與眾不同。那時雖然時局緊張，整個東亞瀰漫著火藥氣味，這個男嬰竟挑選了這樣一個不同凡響的時刻，驚天動地誕生在連氏家門內。但願他來日能在驚濤駭浪的人生旅途上，做一個堂堂正正的男子漢大丈夫！為著紀念這個誕生時間，他們為他命名「震東」。

筱雲的父親，自從四年前痛喪長子少鶴後，心中始終悶悶不樂；如今，他看到最鍾愛的女兒為自己生產了第一個外孫，內心的欣悅，也不在連氏族人之下。這一年的春天，他忽然想到返歸故鄉安溪，去展修祖先的墳墓。但是，沒有想到途次廈門，竟病篤。德墨的妻子王氏得悉後，焦慮得寢食難安，遂由雅堂陪同岳母渡海省親。雅堂為人重情義，在沈少鶴去世時，他在祭文中曾提及：「君之父母，即余之父母」。而今他真的實現了此語。

過了一個月以後，老人家的病情總算穩定下來。於是，三個人乘船返臺。

可是，等待著老弱的德墨的，竟是一個不幸的消息。他的幼子，沒有多久就夭折了。他已經喪失了長子與幼兒，而自己又體弱多病，遂不顧一切，令雅堂和筱雲主持其事，給次子娶了一個新娘。

經過這一陣子的家事紛亂，連雅堂多方奔波，幾乎無暇顧及自己的事情；現在，事情彷彿告了一個段落，不由得會靜坐沉思。

日俄之戰方酣。戰場在中國的土地上，雙方槍砲互攻，又不知道犧牲了多少中國老百姓的生命財物，而中國人竟連抗議的餘地都沒有。這是為什麼？一切都是由於清廷的腐敗，政治不修明，遂致任人宰割！熱血男兒豈能坐視無動於衷。可是，身在日本人控制之下的臺灣是無可如何的，言論行動都不可能有自由。書生報國，唯有賴一枝犀利的筆，但這枝筆偏偏不幸在自己的故鄉臺灣是無由任意揮動。於是，他想到了海峽對岸的廈門。廈門，是雅堂前此曾經走動過三次的地方。兩年前在那裡，他主《鷺江報》筆政，人頭熟，交遊廣，是一個謀求新發展的理想地方。何況，廈門話與臺灣話十分接近，對於家人來講也頗為方便。

不過，他倒是還有一個顧慮；不是別的，正是甫作三個孩子母親的妻子筱雲。她正在燈下安詳地一針針地繡她的花卉圖湘繡。三十歲剛剛出頭的這個婦人，看來是這樣嬌小秀麗。身為沈府的女兒，她從小受慣周遭的呵護關懷；嫁後，不論住在連府，或歸寧娘家，一直都受著千金小姐的款待。像溫室成長的小花一朵，她從來也不知道外面的世界——那烈日、狂風以及暴雨。留著她和三個孩子在這裡，自己恐怕是安不下心創業的；可是，帶她走嘛，這一朵嬌弱的小花，如何讓她驟然暴露於殘酷的現實世界呢？看她那一雙小腳，看她那一雙細緻的小手，教她如何在狂風暴雨裡支撐得住呢？雅堂不禁推開案頭的書長嘆息。

「咦？你在嘆息什麼呢？」筱雲這才意識到丈夫似乎心事重重的樣子。

「我在想——」

「想什麼心事呀？」

「如果，如果我們——我是說，你，三個孩子和我，我們如果去廈門住，你會反對嗎？」

「廈門？去廈門住做什麼呢？」

「我想去那兒辦一個報社。」

「你不是在這裡做報社的主筆，做的好好的嗎？」

「可是，時局變了，情況不一樣。在此地，我沒法子隨心所欲寫我心我口……」於是，他將自己的看法和計畫仔仔細細解說給筱雲聽。

筱雲不再刺繡了。她睜大那一雙明亮的眼睛注意聽，表情很認真。過了一會兒後，她用堅定的口吻說：「好，我們去廈門住！」

就這樣子，連雅堂帶著妻子兒女，取道臺北，由淡水乘船內渡。

「福建日日新聞」——這是雅堂與同鄉蔡佩香等人籌資合辦的一個新報社。筱雲不僅在精神上支持她的丈夫，她並且在實際的行動方面，甚至於金錢方面也支持他。因為她明瞭這是她的丈夫理想懷抱之所寄託。

但是平靜的日子過不了多久，一個不幸的消息由海外而來。筱雲的父親沈德墨過世了。筱雲哀痛欲絕！帶了兒女先趕回故鄉奔喪。雅堂於稍後交代報社事務後，也急忙回來。寬敞的沈府，在主人逝去後，更顯得空洞寂寥。

短短數年之間，長子、幼兒，屋主相繼亡去。這一個家庭，眼看著就要潰散沒落了。筱雲茫然地睜著淚水已乾涸的雙眼，看看這個曾經光采熱鬧的屋宇。從最前面的正廳望過去，五進的大樓，一進深似一進，一進暗過一進。而今看來，竟然有些陰森森而陌生的恐怖氣氛。少女時代的生活，一幕一幕歷歷如在眼前。父親的慈祥和寵愛，也猶如昨日今日之事一般……

然而，父親呢？父親啊！他僵直地躺在那兒。

人生就是如此嗎？生、老、病、死；悲、歡、哀、樂。

這一切，還多虧沈府的女婿連雅堂的冷靜和獨立支撐，指揮大大小小諸章節。總算把一切該辦的後事都辦理妥善了。沈老先生待自己如親子，而自己也一向敬重親愛他如親父。「君之父母，即余之父母」這是自己在少鶴過世時默許於心的。是的，君之家庭，即余之家庭。這也是雅堂對妻子筱雲默許於心的話。

六、心聲新聲

雅堂與志同道合的臺籍人士在廈門創辦《福建日日新聞》，其最大目的，是要主持公道，為國是人權伸張正義。

當時正值國父領導國民革命的初期。連雅堂以一枝犀利的筆桿，極盡書生報國之志。生為臺灣人，他對於腐敗的清廷有格外的憤恨，所以他的文章總是充滿激烈的排滿言論。這一份報紙雖是私人籌資組成，可是透過熱心人士的介紹，它卻銷售到南洋一帶，普遍受廣大華僑的愛讀。因為身處國外的人，格外需要一個強大的祖國。然而，祖國啊，祖國，竟是這樣一個死氣沉沉的祖國！革命的思潮正在海外澎湃。《福建日日新聞》肆不忌憚的言論正是許多海外人的心聲，所以它才會在短短的期限內廣受南洋華僑社會的注意。

南洋的中國同盟會人士閱讀這份報紙後大喜，從新加坡特派李竹癡到廈門，希望將這個《福建日日新聞》改為中國同盟會的機關報。

然而，就在這個時候，《福建日日新聞》卻因為立論激烈，遭受官方的注目，而危機四伏；

雅堂個人更成為他們所注意的核心人物。

有一回，雅堂正在理髮，清吏暗派人到理髮店，要來逮捕他。幸而，有人通風報信，他顧不得頭髮才理了一半，匆匆躲開，才避開危險。

報社開設在廈門，但是連雅堂和他的家人是借住在一水之隔的鼓浪嶼一位牧師的家裡，所以他每天得渡船往返於家和工作的地方。他是一個做事仔細謹慎的人，除非有特別的事故，每天必準時上下班，風雨無阻。一天，他像往常一般，想離家前往廈門的報社。忽見一個男人氣喘喘地跑進來，上氣不接下氣地告訴他：

「連先生，你不要出去，不要出去……」

「咦，怎麼回事？為什麼不可以出去。」

「今天不能出去。」

「到底是什麼事情呀。你別慌，慢慢的說給我聽。」

「不好啦。有個人躲在渡頭的葦草裡……那人手裡有一支手槍。你上船就沒命啦。」

原來，滿清政府方面，一不做二不休，竟出此暗殺之下策。最後，清廷又向駐廈門日本領事館抗議，於是，前後不到一年工夫，這個頗具深意普受愛國志士歡迎的私人報社，也就只好關閉了。

一個理想，因為外在的壓力和內部的隱憂，不得不中途輟止。合股投資各人將印刷機器廉價售讓，所得微不足道，遠不及這一段時間裡的投資開銷。然而，他們果真無所得嗎？有形的金錢所得是負數；但無形的精神力量卻是極大的，否則滿人也不會恐懼、阻撓，乃至下令關閉。這一點，是頗值得告慰的。

這個報社既然停刊，連雅堂只得攜眷返鄉。回首去年來時的雄心壯志，不能不感慨系之。他有〈留別林景商〉七絕四首：

舉杯看劍快論文，旗鼓相當共策勳。如此江山如此恨，不堪回首北遙雲。

滄海橫波幻蜃樓，天風無力送歸舟。留將一幅英雄淚，灑向元黃四百州。

環球慘淡起腥風，熱血滂沱洒地紅。到此乾坤無淨土，且提長劍倚崆峒。

合群作氣挽洪鈞，保種興王起劫塵。我輩頭顱原不惜，共磨熱力事維新。

滿腔的熱血，溢乎字裡行間。然而，連雅堂絕不是一個容易遇挫折便氣餒的人。他有足夠的決心與勇氣，跌倒了再站起來。在〈攜眷歸鄉留別廈中諸友〉詩中，他表現得十分清楚：

蘇海韓潮湧大觀，三年報界起波瀾。文能驚世心原壯，力可回天事豈難！
地上雲深龍戰血，空中風勁鶩傷翰。他時捲土重來日，痛飲高歌鼓浪山。

廈門與鼓浪嶼，地處中國南海之濱，昔日蘇東坡謫居黃州、韓愈也曾被貶潮州。古今文人不如意的例子很多，但是，有抱負有骨氣的文人，卻都不會因為一時的挫折而倒下去，這一點倒是「賴古多此賢」了。

回到臺南後，《臺南新報》仍然歡迎連雅堂，於是，他再度主持該報的漢文部。重回到故鄉，重回到舊日的工作崗位；然而每一念及鼓浪嶼之居，廈門的報人生活，心中難免思潮澎湃。歲已近尾，對著孤燈孤影，雅堂寫下了一首詩〈丙午除夕書感〉：

六載混溟握筆權，又從鷺島築文壇。漫談天演論成敗，一例人生孰苦歡。
君子乘時能豹變，英雄末路且龍蟠。年華如水心如火，彈指風光歲已闌。

這一年，雅堂二十九歲。從他前後這幾首詩看來，他憂國憂民，血脈賁張，是一位十足的熱血男兒。而他周遭的朋友也都深知這位臺南的才子絕非泛泛之輩，林朝崧尤其慧眼識英雄，他有〈贈連雅堂〉七律二首：

伊川被髮久為戎，望絕英雄草莽中；革命空談華盛頓，招魂難起鄭成功。
霸才無主誰青眼，詩卷哀時有變風；擊碎唾壺歌當哭，知君應不為途窮。

才華縱橫策治安，江湖淪落一儒冠；神交數載憑文字，晤語移時吐膽肝。
熱血少年消耗易，頹風故國挽回難；願君好繼龍門史，藏向名山後代看。

為什麼第二首的末聯說：「願君好繼龍門史，藏向名山後代看」呢？作者在詩後附有駐腳：「君將著臺灣通史，故云。」

史記〈太史公自序〉裡有一段文字，記述司馬談臨終時執其子司馬遷之手，告以：「孝始於事親，中於事君，終於立身。揚名於後世，以顯父母，此孝之大者。」云云，並盼司馬遷能繼承其志著史立論。遷俯首而流涕曰：「小子不敏，請悉論先人所次舊聞，弗敢闕。」後來司馬遷雖因李陵之故而受連累，有宮刑之辱，終於完成名垂千古的鉅著《太史公書》——《史記》。雅堂少年時，他的父親每以古代忠孝節義的故事勉勵他們兄弟。後來又重金購得《臺灣府志》授與他，說：「汝為臺灣人，不可不知臺灣事。」當他覽閱後，便對其疏略深感遺憾，私心許下宏願要修撰一部比較完備的臺灣歷史。其後，經過馬關條約割讓之痛，他更覺悟到這個志願非完成不可，否則後代子孫在異族奴化控制之下，將無由明瞭歷史的真相；何況，「史者，民族之精神，人群之龜鑑」，通過著史的工作，他要昭示他的同胞：臺灣原本是中國的一部分，臺灣人永遠是堂堂的中國人。

這個意願雖然一直盤旋在他心頭；但這些年來，太多眼前現實的大風巨浪，使他無暇靜坐修史。不過，他振筆疾書，談論國是之餘，仍不忘以著史為己任，所以一方面蒐集史料；一方面且博覽中外史籍，以為他日後撰述的借鏡；同時，每有所得，輒投之篋中，以待來日之整理。

早在雅堂二十歲的時候，他第一次從大陸返歸臺南故里，便與里人十人共組一個風雅的「浪吟詩社」。與會人士之中，雅堂的年紀較少，而體質較弱，因此他曾經於酒酣之餘戲謂諸友道：「假如我不先填溝壑的話，將來定當為諸公作佳傳。」這種話只是一時的醉語而已，說者及聽者都沒有把它放在心上；誰知十年之後，再度歸自廈門，而年長之輩相繼去世，社友零落，令人鼻酸感慨。

於是，雅堂發起重振這個詩社，與故人陳渭川登高一呼，聞風響應者有趙鏡麒、謝石秋、鄒小奇、楊宜綠等十餘人，而詩社的名稱也由原來的「浪吟詩社」更改為「南社」。所謂「南社」，是為與稍前在臺中組成的「櫟社」抗衡而命名的。

由林朝崧所領導的臺中「櫟社」成立於一九〇六年三月四日。「櫟社」的規則，多達十七條。其中最重要的宗旨為：以風雅道義相切磋，以實學致用相勉勵，以期達到親密情誼和交換知識。他們編成了社友名錄，記下各社友的住所、姓名及年齡。成立之初，熱烈空前，持續三晝夜，作擊鉢吟多題，充分表現了詩人的風流浪漫。

連雅堂為臺南人，豈甘落中部雅士之後，遂有此由「浪吟詩社」改組的「南社」，以抗衡稍早在北部的臺中派「櫟社」。

「櫟社」與「南社」，這兩個詩人的風雅組織，一個設在臺中，一個設在臺南，各網羅了當時臺灣中、南部的著名騷人墨客，也算得上是文壇上的一盛事。

三十歲，在一個人的生命史上，正是充滿光明與活力的時期。三十歲的連雅堂，雖然他清癯的身體比較單薄多病，然而精力一向旺盛。他辦報的目的，在透過大眾傳播媒介，給自己的同胞注入一種愛國思想；他計畫著史，也基於同樣的理由；但是，除此之外，在他血液之中，又流著一股詩人的浪漫熱情。他喜歡結交志趣相投的朋友，與他們高談闊論，通宵達旦，不知東方之既白。

這一年的夏天，雅堂去了一趟臺中，認識了謝道隆。謝道隆，是臺中豐原人；也是丘逢甲的表兄。當年「臺灣民主國」抗日最激烈的時候，他曾糾合鄉人，從旁協助丘逢甲抗拒日軍；後來事敗，便轉以醫術救治人，凡有貧困的病人，他都義務為之診治。這個人不但古道熱腸，而且也能詩文。曾作〈割臺〉詩一首，頗見悲憤沉痛之情：

和議書成走達官，中原王氣已凋殘。牛皮地割毛難屬，虎尾溪流血未乾。傍釜游魚愁火熱，驚弓歸鳥怯巢寒。蒼茫故國施新政，挾策何人上治安。

連雅堂與謝道隆一見如故，暢談甚為愉快。後來，他每次與此人見面，總是暢論時事，輒有髀肉復生之感。

由於北來臺中，輾轉由林朝崧等中部的詩人居中介紹，雅堂與「櫟社」的詩人，以及中部許多知名之士，多所認識。雖然大家志同道合，有時個人的文學見解亦會有出入；為此甚且有爭論互相抬槓之事。

從臺中返歸臺南後，連雅堂曾經在他所任職的《臺南新報》發表對臺灣詩界的革新論。他在文中指出，詩應該有文藝的嚴肅的面貌，而不應以為雕蟲小技；更不可視同娛樂。他認為當時為詩者雖眾，但許多詩人的作品多屬擊鉢吟。所謂擊鉢吟，乃指文人相聚，競爭敏捷之詩才而為的吟詠。典故出於《南史・王僧孺傳》：據說梁代的蕭文琰在一次宴會中，擊響銅鉢而立韻；限定於響滅之前成詩。在這種情況之下，大家逞能鬥才，如何會有真摯動感人的作品出現？所以雅堂批評當時的詩界：他認為擊鉢吟嚴格說起來，算不得詩，良朋小集，刻燭擲箋，鬥捷爭奇以詠佳夕，偶一戲為之是可以的，但如果經常這樣，便不足取了；因為在這種場合之下寫出來的詩，雖工藻繢，亦不過土苴而已。他憂慮臺灣的詩界若是長此以往，詩格將日愈卑下，實在不堪設想。他並指出，「為詩當大處著筆，而後可歌可頌」。

他這一番話，語重心長，態度亦可謂正確。但是，由於甫歸自臺中，恐有影射中部詩壇之嫌，所以引起了中部詩人的反感。先是由臺中《臺灣新聞》的記者陳瑚——此人係「櫟社」中堅份子之一，著論相駁；後來，有幾位「櫟社」的同人也為文助陣。

雅堂的外型看起來清癯斯文，但是他的個性卻相當剛強，尤其於學術理論，更是當仁不讓，所以南、北雙方，爾來吾往，展開了一場文藝的筆戰，大家愈說愈激烈，互不相讓，長達旬日。

這件事情十分熱鬧，震動南、北文壇。最後，由林朝崧出面調解，才收旗偃鼓告一段落。不過，在原則上，他們所爭論的是文學藝術觀，對事不對人，所以並無妨於日後的友誼。大家胸襟寬大，也就一時傳為文壇佳話了。

後來，雅堂有一首〈東林癡仙並視臺中諸友〉詩，便提到此事（癡仙，為林朝崧號）：

詩界當初唱革新，文壇鏖戰過兼旬。周秦以下無餘子，歐美之間見幾人。
廿紀風潮翻地軸，千秋事業任天民。劫殘國粹相謀保，尼父春秋痛獲麟。

而他的友人林馨蘭也有〈讀詩界革新議及後等書〉一首五古：

詩以理性情，溫厚其本旨；雅頌變風騷，非自今日始。
不期然而然，莫之致而至；此中蓋有天，豈盡如人意。
何期中南報，論詩昧此意；聚訟日紛紜，凌韓復轢李。
肆口漫雌黃，往來極醜詆；直是相罵書，無怪識者鄙！
方今新世界，文明被遐邇；言論貴自由，人各行其志。

不必強而同，截足適其履；某也遯世人，狂言妄評擬；
雅堂過於縱，滄玉近乎泥；痴仙與南溟，各有所偏倚。
惟有陳瘦雲，折衷為一是；願各整我軍，願各張我幟。
子雲與相如，同工異曲耳；自反各三思，請無復爾爾。

詩中所稱「中、南報」，是指臺中的報紙《臺灣新聞》及臺南的報紙《臺南新報》。為當時的人對此二報的簡稱。代表著臺南地區的連雅堂在《臺南新報》撰文評論，中部地區的「櫟社」同人陳瑚等人則在《臺灣新聞》反擊。難怪會出現如同和事佬似的這篇長詩了。

七、遍地史蹟無人識

光緒三十四年（一九〇八）的春天，連雅堂一家人離開了臺南，移居於臺中。是由於雅堂接受了臺中的《臺灣新聞社》漢文部主筆一職的關係。

他們一家人應邀住在霧峰富賈林資鑣的別墅——「瑞軒」裡面。「瑞軒」在東大墪之麓，環境幽靜，是一處適合文人吟詩讀書的地方；這一點，可以從雅堂自己寫的文章〈瑞軒記〉看出：

天下多佳山水，而當前景象，約漠置之，好奇之士輒求之數千百裏外，以快其壯遊。豈人性之厭常而喜異者哉？余既寓瑞軒，客之遊者皆言山水之佳，而余亦約漠置之。旦而起，宵而寐，日而嘯傲其中，固不知其何以佳也。

瑞軒在東大墪之麓，清溪一曲，老柳數行，有人設肆賣酒。林瑞騰公子以千金買之，拓其旁為園，植花木，建亭榭，引水為池，種荷其中。仰視東南，則鷂峰九十環拱若屏，而群山之上下起伏者又不可計數。公子雅好客，暇則觴詠於是，而瑞軒之名遂聞於南北。

夫十室之邑，必有忠信，十步之內，必有芳草；而王公大人之求才者，輒求之數千裏外，以博其好士之心，士之出入左右者，約漠置之。士豈自炫而求用哉？而王公大人之求士，又不能識其真；則士亦終隱其才而已。蕭何識韓信於敗軍之中，薦之沛公不能用。及何夜追信，力舉其才，沛公乃拜為大將，而信之功名顯於漢。今天下之士猶信也，而識士者無蕭何，用士者無沛公，則士之功名何以顯？夫瑞軒之山水猶昔也，得公子而啟發之，得游者而潤色之，又得余之文章而揚之於世，則瑞軒之名足千古，而居瑞軒者亦足以千古乎？則亦終隱其才而與佳山水為徒也已！

這篇文章，以山水與人事相比；認為人世間往往英雄當前而不知惜其才，唯有賢者能識英雄；而英雄亦唯有藉賢主以揚功名；山水也是如此，若非有人能欣賞，為文傳頌，也就終將隱沒無人知。文章結尾處，舉劉邦因蕭何推薦而使韓信顯功名的故事，作者儼然有自比沛公的意思；這乃是文人之狂傲。今人謂新聞記者為「無冕之王」，由此看來，雅堂為文，欣喜自信之餘，竟以自封王公了！

在這樣一個美好的居住環境中，雅堂一家人都感到十分舒適。他們這次也從沈府帶來了當年筱雲陪嫁的丫鬟，另外還有一個女佣幫助打掃和廚房的工作。長女夏甸和次女春臺都已屆入學齡，便在附近的公學校讀書；兒子震東尚幼，所以由筱雲和丫鬟照料著，在這寬敞的屋宇庭園之中悠閒地過日子。

至於雅堂自己，這個地方就像是陶潛詩中所說「結廬在人境，而無車馬喧」，不著一點塵俗味。他平日除了仍舊跟在臺南時一般，按時上下班外，餘下來的時間，多數待在家裡，讀史賦詩；在覽閱書籍或尋找靈感的時候，他喜歡在書房點上一支香，沏上一壺茶，有時也吸幾口水菸。在不妨礙丈夫讀書寫文章的時間，筱雲也常常會來到書房裡，夫妻相對吸菸閒談。日子看來是平淡的，但是，他們都安於過這種平淡的生活，因為這裡面有一股溫馨幸福的滋味。

在這一段時間裡面，他的閱讀範圍，以史籍最多。因為他著史的工作已在積極的計畫籌備了。從臺南，他自己花費達十餘年的資料也都小心翼翼地搬運到臺中來。然而，一旦要著手撰著，又覺得須先參看別人如何寫法？有關我國的舊史，如《春秋左傳》、《史記》等；他從幼年時便已熟讀；而今，他除了我們自己的歷史書籍以外，尚須旁涉及外國的史書，然後方能把握更正確的方向，而不為傳說所泥。

有時讀史，亦難免引起他對眼前現實的悲憤之情，而為詩以宣洩衷心。他有〈冬夜讀史有感〉二十首七律，所記的都是慷慨激昂之詞。有序文可以想見內容之一斑：

滿人宅夏二百六十年矣，國政紛紜，民憤磅礴，內訌外侮，昔昔交併。革命之鐃，已喧湘贛，物極則反，天道何常。縱觀時事，追念前塵，心躍血湧，茹之欲出，率賦廿章，質諸觀者。

另有〈讀西史有感〉三十七首七絕，以及〈詠史〉一百三十首五絕。前者縱橫談論古今西方歷史之成敗得失；後者則每首以一個人物為吟詠的對象，有外國歷史人物，如盧梭、拿破侖、納爾遜、達爾文、豐臣秀吉等；也有我國歷史人物，如秦王政、呂后、曹大家、司馬遷、文天祥、李鴻章等，包括政治家、史學家、文學家及民族英雄等各類型男女。

自從遷居於「瑞軒」後，臺中一帶的騷人墨客莫不樂於過從相訪。在來往的人當中，有許多是「櫟社」的社友；雖然雅堂和他們不久以前才展開一場激烈的筆戰，畢竟都是基於對文藝的愛好，如今事過境遷，大家握手言歡，盡棄前嫌，反倒是「不打不相識」，變成了好朋友。他們知道連雅堂移居於臺中，主《臺灣新聞》的漢文部，便時常到「瑞軒」來，並且，有時還借這個地方做為聚會之場所。「瑞軒」的景致本來是不錯的，但是由於連雅堂下榻於此，而變成文人雅聚的地方，竟以此名聞遐邇。這樣說來，前面所引「瑞軒記」之文字，雖然稍嫌狂放，倒也離真相不遠了。

這一年的秋天，連雅堂忽興東遊之念。

他這次到日本，居於神戶，時間只有短短一個多月。到底因何而去？只是單純為了欣賞異地的風光？還是另有其他目的？因為此行無甚詩文留下，所以不容易看出端倪；不過，在後來他所寫的〈大陸遊記〉裡，有一段追敘此行的文字：

> 戊申（即光緒三十四年，一九〇八）之秋，余曾東遊，居神戶者月餘，故其地之山水名勝，爪痕尚猶可尋也……
>
> 神戶多故人，聞余至，輒來訪。或相約至福建會館，縱談時事，每至夜闌始罷。神戶為通商大埠，彰、泉人賈於此者，饒有聲勢。是時福建省議會將開，定選僑商議員十二名，以與國政。而東洋應選一名，眾以神戶為適中之地，乃集橫濱、大阪、長崎之人士，開會於福建會館。余蒞會演說，先述中國改革之大勢，及此後所以經營福建之策，眾多感動。越日開匭，投票者七十人，而余得五十八票，為中選。然余以行程已定，辭不就。

〈大陸遊記〉此段文字所記述的是，民國元年，雅堂赴大陸，取道日本的事情。從文中，可看到他在神戶一帶，得僑胞敬重與愛戴的情形。尤其是以絕大多數的票數中選為東洋區僑商議員，這個事實，固然是他那次的演講內容深刻而充實感人，恐怕也與四年前旅行神戶月餘有關。

事實上，在他首次前赴神戶的時候，「櫟社」創始人之一的賴紹堯有一首〈送雅堂遊京濱〉詩，為他餞行的詩：

元瑜才調自翩翩，書劍飄零十五年；歷劫嘆丁陽百六，壯懷初試水三千。
秋風匹馬神山路，落日孤舟瘴海煙。此去訪求燕趙士，莫因徐福便求仙！

從這首詩的末尾兩句看來，至少，在賴紹堯的心目中，連雅堂之赴日，不像是一種普通的旅遊而已，卻是有更重大的意義，甚至於有某種使命也未可知。

前面曾提到，雅堂在二十五歲前後，或者已加入孫中山先生的興中會革命黨，但是，當時革命尚未成功，這種組織的行動，以及黨員的身分，當然得要格外小心保密才行。故而，他此度赴日，或者竟是藉遊覽之表面行為，實則去參加在日本的革命計畫也未可知；因為，神戶乃是當時海外革命志士的一個據點，國父每次到日本，也都在神戶與當地華僑志士聯絡商議的。

不過，在居住神戶的這一個多月期間，喜愛山水佳景的雅堂，自然也不會放過欣賞異邦景物的良機了。

自日本返臺後，連雅堂真正開始了撰寫《臺灣通史》的工作。先此，為了寫〈埔里社志〉，他曾經親遊埔里，考察其地之歷史及環境。這一篇文章約有萬餘字，原為《臺灣通史》地理志的第十篇，可是由於後來地理志刪去，所以這篇〈埔里社志〉也就沒有收入（今收於臺灣文獻叢刊新編第一種，鄭喜夫撰《雅堂先生集外集》專著之書）。

在連雅堂一開始擬目錄的時候，他的腦中始終不能忘懷幼年時期讀《臺灣府志》的印象，他始終覺得那本《臺灣府志》過於簡略，自己應該將其遺缺補充完備，所以他的篇目也就頗為接近志書，分有十五目，且都以志為名，計為：地理志、種族志、沿革志、政治志、軍備志、財賦志、教育志、文學志、禮俗志、交通志、產業志、外交志、民變志、番務志、以及人物志。這與後來刊行的《臺灣通史》並不相同。現行的刊本分為紀、志、列傳，後面並附表目，則是改踵《太史公書》而參酌《漢書》的體例；也就是我國傳統正史的寫法。在〈埔里社志〉的原稿後面，有幾句業經塗去的字，很值得注意：「若夫改革之後，事變之多，則俟之後篇。」這樣看來，連雅堂在起初撰寫《臺灣通史》的時候，便決定暫先以乙未日本佔據臺灣做為斷代；同時，似乎又在當時便有撰寫續篇的意思了。不久，趙石雲為〈埔里社志〉寫了一篇序：

連子雅棠（雅堂一作雅棠，友輩多書此），吾鄉之聞人也，英年駿發，抗志古今，舉其全副精神以著臺灣通史。顧臺灣草昧初闢，文獻無徵，雅棠獨為其難，堅持毅力，寢饋於茲，無一日懈。其功業早成八、九，而埔里以南其一也。夫埔里社豈非臺灣一寶藏哉？又豈非世外一桃源哉？自孫魯勦撫土番以來，有司屢入其奧，竟視為偏隅荒穢，長委之於漢蕃爭據，匪賊逋藏之區，迨鄧傳安倡開鑿之議，姚瑩為八事之陳，史密有捐墾之請，劉韻珂上利弊之疏；官斯土者非無其才也，而卒格於昧幾之上，議而不得行。烏乎！清代之不振，大率如斯也。至以封禁社外人之覬覦，尤愚且漏之甚者。厥後雖有沈文肅創建其功，而開其先者無以善其後，可勝歎哉！雅棠之為此志，其亦有微意也夫！後之讀者而有尺寸之柄，請無負雅棠之心也可。

這篇序文，可謂深得作者心意。連雅堂能有知己，是他的幸運；但是，這又須從另一方面來說，由於他自己為人誠懇寬厚，所以他才能所到之處都結交到知心的朋友。在臺南時如此，在廈門期間如此，而今遷居來臺中，他也結交到一些可以推心置腹的好友。

林朝崧是當時臺灣中部的一位豪士，也是「櫟社」的中堅人物。他嗜酒好客，春秋佳日，輒開大會，招待南北友朋，而每飲必醉，走筆為詩，放聲朗誦。他的詩每一篇出，眾人爭抄，不數日便全臺寫遍。遠在雅堂居住臺南時期，他們二人便已彼此心儀欽慕，每每藉詩文酬酢增進友誼；現在雅堂已寓居臺中，遂有更多晤對的機會，幾乎相隔不到十天，便有文酒之讌，痛快談論。朝崧對雅堂的詩文最是喜愛，雖然每次飲酒，必陶然醉倒，有一次，卻十分認真地對雅堂說：「吾輩論交，當為生死之友，次為道義之友，次文字之友，最下乃勢利爾。」而以雅堂之為人，上面的三種朋友，他都有；惟獨勢利之交，是決不容許的。

除林朝崧而外，他這時期也認識了賴紹堯。紹堯當時主持中部這個最主要的詩壇「櫟社」，鼓吹風騷。他對雅堂的文學造詣，也十分欣賞。藉文字溝通，他們二人竟然有若骨肉手足一般深厚的友愛了。

由於連雅堂與「櫟社」詩人來往頻仍，而他自己因遷居臺中的關係，與臺南「南社」的聯絡，無形之中反而未若與此地「櫟社」的密切，中部詩人一致認為應該邀請這位臺南才子入會；從此，他成了「南社」與「櫟社」這兩個南部與中部二大主要詩人組織的會員，而無論在「南社」或「櫟社」裡頭，連雅堂都是極傑出且受人愛戴的一員。不過，由於身居臺中的關係，實際參與「櫟社」的詩酒雅敘的機會，自然較多；同時，由於他當時寓居的「瑞軒」，寬敞幽靜，且主人好客，所以經常成為「櫟社」社友會聚的地方。他們不僅有定期性的聚會，每逢春秋佳日，又有數不盡的賞遊，有時也邀請會員以外的特別來賓，如中部一帶的官方人士等。

這一段時間，真可謂「櫟社」的鼎盛時期，社友人數經常都在二十數人左右，鬥詩逞文，互比才華，亦莫過於此時。而且，每每合影以資留念。他們所詠歌的題材範圍，雖然多數不外乎吟風弄月，詠歌花草，卻也因為寫作熱烈，頗能刺激詩壇，而使中原文化，藉以保持，不致斷絕。

雖然，雅堂已與家人遷居臺中，但身為臺南人，他對於臺南事仍無時無刻不注意眷念。宣統元年（西元一九〇九），日本人想要修建臺南市區，便將原來比較落伍而狹窄的竹子街、武館街、帽仔街、十三鋪及大井頭街等拓寬，改為一大路，由於大井正阻礙了這個拓路計畫，因此建議把它填平。據《稗海紀遊》引明《會典》，謂太監王三保舟下西洋，取水赤崁，便是此井。雅堂一向最重視歷史古蹟，他聽到這個消息後，大不以為然，立刻撰文抗議，刊登在他以前所任職的《臺南新報》。他這一篇愛護鄉里史蹟的文章，終於引起官方及紳士注意，大井才倖免於填土之難。

「護井」這件事，和他以前發動里人修建「五妃廟」一樣，表面上看來，只是維護歷史遺跡而已，其實，潛伏在這兩件事背後的，實在是雅堂愛國保種的深刻用意。當時，日本人藉整建開新的名目，實際上是有計畫地一點一點摧毀臺灣島上所遺留的中土文化遺跡，以達到他們徹底奴化臺胞，使臺灣人民忘卻自己的所自來。雅堂洞悉這一層，所以他處處要以中原文物之保存者自居，不顧一切挺身而出。他在消極的方面，做護井一類的書面抗議；而在積極的方面，遂有修廟一類的實際行動。

宣統三年（西元一九一一）——即辛亥革命那一年，三月二十八日，梁啟超偕其長女令嫻，與粵人湯叡，從日本神戶抵達基隆。這在當時是一件大事情，臺灣紳士前往基隆歡迎者甚多。由林獻堂邀約甘得中及連雅堂，陪同梁氏一行人自基隆乘火車到臺北。

梁啟超此度來臺，轟動全島，臺灣同胞特為這位久仰的人物在臺北的東薈芳旗亭大擺宴席款待。當天參加者多達百餘人。這個事實表示臺灣人仍然與大陸關係密切，割地的現實問題，並無礙於人心的嚮往；對此，日本政府亦無可如何，只有採取消極的態度。當天的盛會，日本官民無一人參加，他們還派了偵探特務四處埋伏，以防萬一。盛大的歡迎會開始時，首先由林獻堂致辭，代表全臺同胞歡迎梁氏的熱忱；接著，由梁啟超起來致謝詞，他並且同時發表了一個小時的演講；不過，由於這個會始終在日本人的嚴密戒備之下進行，所以梁氏也十分謹慎，演說的內容雖然深刻，但在表面上卻辭意委婉，若非仔細體味，是不容易了悟其意的。

後來，梁啟超又在一行人陪同之下，乘火車赴臺中。「櫟社」的社友在「瑞軒」開歡迎會，到場的主客共三十餘人，詩酒雅聚，也算得是中部文壇上一大盛事了。

林獻堂是霧峰望族，林氏的「萊園」為中部一盛景。園在霧峰之麓，依山結構，合抱地勢，佔地大約三十畝。園內不僅花木扶疏，泉石幽邃，且亭臺樓閣，十分雅致講究，向為士大夫樂於遊憩之處，而主人之好客，又是名聞遐邇。這次，梁啟超來到臺中，「萊園」的主人當然不會放過招待佳賓稀客的良機，於是，文壇墨客的風流賞會，又一度光采了「萊園」。當晚，並且有分韻賦詩之餘興，題為：「主稱會面難，一舉累十觴」十字。

雅堂與梁啟超，一主革命，一主保皇，他們二人在政治方面的觀點與立場並不相同，但是，在學問文章方面卻是彼此傾慕，而且意見也十分溝通。他們在文學方面，不可否認的，都是屬於比較保守的一派。梁啟超曾對雅堂說：「我從前年輕的時候，也曾經想到過要『革命』，後來勤讀唐、宋人的集子，又得到趙堯生的指導，才明白詩是我們的國粹，和制度是不同的，不可以隨時易改。真是後悔當時孟浪啊。」

梁啟超在臺灣逗留半月始離去。在這十數日期間，連雅堂幾乎始終與一群文士陪伴在梁氏左右，他又是一個喜歡賦詩贈友的人，然而，獨不見贈送梁啟超的詩章，這真是一件很奇怪而值得注意的事情；或許竟是因為政治立場不同所致嗎？不過，梁啟超倒是應雅堂之請，寫了兩幅字贈給他。一是梁氏當時的近作〈懷潘大京師詩〉：

> 不見故人積歲月，蒼然懷抱與誰同？歸歟我記烏頭白，行矣君宜馬首東。
> 杯酒或關天下計，園花待吐去年紅；莫令憔悴憂傷意，損爾飛揚跋扈雄。

落款為：「雅堂大兄方家屬寫近作　辛亥二月　梁啟超」。另一幅字是寫他的〈海桑吟舟中雜興之一〉：

明知此是傷心地，亦到維舟首重回；十七年中多少事，春帆樓下晚濤哀。

落款作：「辛亥春遊臺過馬關之作，寫似劍花　當同茲懷抱。」「劍花」，也就是連雅堂給自己取的號。

這一年，連雅堂三十四歲，正是青年有為的時期，然而他的身體一向都是比較清癯，近年來忙於家國之事，既要為報社執筆撰論，復又著述《臺灣通史》，加以友朋酬酢，動輒通宵熬夜。他為人熱情而且熱心，可惜心有餘而力不足，過分透支的體力，終於得了一場嚴重的胃病。

這一場病，非同小可。在醫學技術不甚發達的當時，他自己和家人都幾乎以為性命難保。在藥石難抑肉體痛苦之際，甚至於只好靠鴉片菸的麻醉作用暫時支撐。

從秋天到冬天，連雅堂整整纏綿病榻一季。報館的工作只有暫時請假，託人代司。然而，已經開始撰述的《臺灣通史》則是自己生平最大的願望，也是先父殷望於自己的——或者可以說是：自己發願以此書告慰先父在天之靈的。這是自己的天職啊！所以不能死，不能壯志未酬而死。無論如何，得要克服病魔，要留得這一條命來完成《臺灣通史》。

是這個堅強的求生意志，使他奇蹟一般的度過了鬼門關。

至於他的妻子筱雲，她的母親已於去年過世，娘家的沈府如今已家道中落，而自己又隨夫遠住在臺中這個舉目無親的地方。這些年來的漂泊生活，已經把這位千金小姐磨練成一個堅強的女性了。雖然，她嬌小柔美如往日，雖然她目前已是二女一兒的母親，而且肚子裡又有另一個新生命在生長著，可是，她沒有叫一聲苦。丈夫的病如此嚴重，她內心不是不駭怕，但表面上表現得十分堅定穩重。以一個待產行動不便的身子，她一面伺候丈夫的湯藥，一面教導撫育三個子女。只有在一個人獨處的時候，她默默地念佛，求菩薩保佑，她甚至於禱告寵愛過自己的雙親在天之靈；求眾神顯靈驗，讓她的丈夫克服病魔，讓她的丈夫回到自己的生命裡來。

奇蹟果真發生。雅堂的病，竟然痊癒。而且，他們的家庭，又添了一個小生命，是一個胖胖的女嬰。他們給這個可愛的女兒取名「秋漢」。雖然這個名字稍嫌不夠女性化，可是這裡面是頗有深刻用意的；他們已經有了兩個較大的女兒，長女生於陰曆六月，故取名「夏甸」；次女生於二月，故名「春臺」；而現在這個小女兒生於八月，該以「秋」字為名字的首字，但是下面何以稱「漢」呢？則是因為這一年正是武昌起義之年，臺胞雖在異族統治下，卻人心思漢，故順理成章地有了「秋漢」這個深具意義的名字。為兒女命名，雖然是家庭間小事，可是從雅堂的做為，也可以看出他隨時都以家國為念，而且對於男女人權極具開明思想的一端。

這一年，對於連雅堂來說，是值得紀念的一年。雖然他大病一場，幾乎生命危殆，終於經過一季的肉體痛苦而拾回性命；他們的小家庭有了三女一男，更形熱鬧，充滿活力；而武昌起義，革命成功，這是許多愛國志士盼望已久的好消息，雅堂個人更是欣喜欲狂。

經過了漫長的一季，於是一切又開始好轉，展現了曙光。生命重新又燃燒起來了。向前瞻望，光明就在前方。

宣統元年櫟社己酉春會（1909 年）後排左起第二人為雅堂先生。

八、匹馬斜陽

連雅堂三十五歲這一年，國父領導的國民革命推翻了專制腐敗的滿清政府，建立自由民主的中華民國。

對於中國來說，這是一個新紀元。中華民國元年（一九一二），代表一個嶄新的光明的開始；而對於連雅堂的家來說，自從他的七世祖興位公消極抗清隱遯來臺後，已歷二世紀餘，清廷終於滅亡，興位公地下如有知，當可以安慰了。

二月十二日，清帝溥儀退位；連雅堂特為祭告延平郡王鄭成功。文如下：

中華光復之年壬子春二月十二日，臺灣遺民連橫誠惶誠恐，頓首載拜，敢昭告延平郡王之神曰：

於戲！滿人猾夏，禹域淪亡，落日荒濤，哭望天末，而王獨保正朔於東都，以與滿人拮抗，傳二十有二年而始滅。滅之後二百二十有八年，而我中華民族乃逐滿人而建民國。此雖革命諸士斷脰流血，前仆後繼，克以告成，而我王在天之靈，潛輔默相，故能振天聲於大漢也！夫春秋之義，九世猶仇；楚國之殘，三戶可復。今者，虜酋去位，南北共和，天命維新，發皇踵厲，維王有靈，其左右之！

延平郡王鄭成功地下若有靈，定必會保佑南北共和，天命維新；對當初攜族人渡海來臺以示反清的連氏興位公，亦當可告慰於地下了。誕生於馬兵營的雅堂寫下這一篇祭告之文，字字句句出自肺腑，充滿真情。然而，是何等的諷刺啊，滿清雖亡，臺灣卻仍淪陷於日本掌中。這是全臺灣同胞所最感遺憾的一件事。

在連雅堂個人而言，民國初建，病體初癒，是值得加倍慶幸的事情；何況抑鬱的冬季已過，明媚的春光當前，起自久臥的病榻，重握筆管以前，他覺得自己需要一段緩衝的生活，所以他計畫一次較長期的大陸之遊歷。筱雲則因子女尚幼，而且婆婆年紀大，所以沒有隨行的意思。

臨行，文壇好友又聚集於「瑞軒」，為雅堂餞別。酒酣暢談後，雅堂起來致謝辭說：「古人說『讀萬卷書，行萬里路』是人生一大快事。我個人既喜歡讀書，又好遊歷，回想所讀的書，雖未必都很詳熟，大概也有了萬卷，而細數到今天所行的路，恐怕也超過萬里了吧。從前，司馬遷出身於龍門，耕牧於河山之陽，在他二十歲的時候，便『南遊江淮，上會稽，探禹域……北涉汶泗，溝業齊魯之都』，後來他做了太史，悉查金匱石室之書，配合他遊歷闖探的經驗，所以寫出來的文章才能那樣氣勢磅礡，別具奇偉的氣概。我個人從小便崇拜司馬遷其人，又佩服他所寫的太史公書，可是每念及古人的遊歷壯行，而自己卻從來也沒有到過我國大陸北方齊魯等地，便覺得遺憾且慚愧。中國是亞洲古老的國家，也是世界文明之域，而況現在又正值民國初建，定當是氣象革新，煥然可觀。相信我這次的遊歷應該會有所收穫才是。只是，此行不知何時才能回來？跟諸位也恐怕將闊別一段時間了。今日蒙諸位在這個地方為我餞行，個人除了由衷的感激之外，無以為報；不過，希望在我回來的時候，能有一些詩文遊記來酬答各位才是。」

由於連雅堂的平日理想抱負，他自己和周遭朋友都不知不覺地習慣於將他和司馬遷來相比。在這次餞別宴會上，陳貫有兩首〈贈別劍花社兄〉詩送給雅堂：

虎門龍驤角兩雄，好收史料入吟筒。片帆春水來天上，匹馬斜陽走路中。
草繳未回天帝醉，登臺不見大王風。人間聚散尋常事，別淚應留灑故宮。

飄零身世欲何之？勞落生涯只自知。拍馬之罘徒感歎，雲龍東野未追隨。
茫茫煙水三山路，莽莽乾坤兩鬢絲。久遣風雲封石室，西窗合與訂歸期。

宴會後，林獻堂託交六百圓日幣，贈送給梁啟超。

藉著此次經日本赴大陸的旅行機會，連雅堂把三十五年來蓄留的頭髮剪成了西裝頭。滿清政權已推翻，代表清裝的那一條長辮子，當然也就不再有保留的必要了；但是人心真是奇怪，而且身體髮膚受諸父母，在理髮師舉起剪刀的一剎那，心中竟然會有憂喜參半的奇怪滋味。

於是，三月二十二日，連雅堂啟程，從臺中乘早車北上。筱雲知道此次丈夫遠行不是短期的，心中頗為依依，但是她也知道丈夫此行的意義深遠，所以不忍相阻，她唯一能做的事情是想遠送；可是，孩子們尚幼，而且遠行徒增別緒，雅堂沒有答應。他們在門口道別，就像這些年來雅堂南下、北上僕僕風塵一般。筱雲心中的別情離緒實在一言難盡，只有化為聲聲的叮嚀保重。

她嬌小的身子倚立門口，目送著丈夫乘坐人力車的背影漸行漸遠，終於消失在朝霧裡。

這次與連雅堂同行的，另有一位「櫟社」的社友林子瑾，他也是要去上海的，兩人便相約偕行。他們到達臺中的火車站時還很早，朝陽初上，零落的晨霧尚未乾。有幾隻棲鳥拍拍羣飛。雅堂覺得好似來送他們遠行。

午後，火車抵達臺北。他們暫宿於「鯤溟會館」。將行李放妥後，雅堂便急急僱車到艋舺，去探望在臺灣總督府高等女學校求學的長女夏甸。她當時十六歲，已長得娉婷多姿，酷似筱雲年輕時候的姿容。夏甸對於父親的來訪，驚喜交集；知道父親就要於次日遠行，又不禁淚潸潸。雅堂也從小特別疼愛這個女兒，他所以讓夏甸遠遠地寄讀於臺北，實在是出於一種男女平等的思想──他要自己的兒女都接受最好的教育，將來都能在社會上做堂堂正正的人。

他囑咐夏甸要好好保重身體，勉勵她專心向學，便離開學校。歸途上，又順路訪問二、三故人，向他們一一告別。

第二天，雅堂與同伴林子瑾從基隆上船啟程。

船緩緩啟航。回望臺灣的山色，這真是一個美麗的島，而今她在婆娑之洋中，漸隨波影淡去。雅堂心中自念，此行汗漫，將到處為家。「人生適志可爾，何可以跼蹐如轅下駒？」天風蕩蕩，海水洋洋，不禁自覺精神為之一快！

四天之後，船泊於日本門司。最重要的事情，便是打電報給妻子報平安。

次日上午抵達了神戶，借住於臺灣米穀公司。同行友伴林子瑾有事需赴東京，而四年之前雅堂曾經來過神戶住一個多月，對於舊遊之地的山水名勝猶有印象，所以就利用等待子瑾的時候，在神戶附近賞覽遊歷。

時值暮春三月，草長鶯飛。雅堂時而曳杖出遊，行無定向。正是櫻花漸謝的季節，落英繽紛，枝頭仍有二三未開放。忽又聽說須磨公園的牡丹盛開，便急急搭乘電車往觀。滿園紅白盛開，多到兩千株，令人驚豔。關西之地又多有溫泉，遊罷浸泡泉水，浴罷坐古松之下，買一壺茶茗喝，看遊人雜踏，覺得煩渴頓消。回想自己入報界已十三載，筆墨勞人，無時或息。沒想到逆旅中等待友人，竟然在異地得到此閒暇賞翫春光春景。

不過，神戶是雅堂四年前曾經盤桓月餘之地，許多當年會見的故人風聞他重臨，都紛紛來探望，或者邀約到「福建會館」。神戶是日本的通南大戶，漳州、泉州的商賈在此地頗多饒有聲勢之人。而這時候福建省議會將開會，定選僑商十二名參加國政，東洋地區應選一名。眾人認為神戶是適當的地方，所以僑居日本的商人都從橫濱、大阪、長崎來到神戶開會於「福建館」。連雅堂應邀參加此會，並發表演說，陳述當前中國改革之大勢，及此後經營福建的對策。演講的內容很紮實有見地，贏得眾人由衷佩服。投票者七十人，雅堂得五十八票，中選；但他大陸的行期已定，況且他心中已有著史的遠大計畫，所以婉辭不能就任。

在日本關西一帶盤桓一星期後，連雅堂便與林子瑾，另外又有澎湖人李耐儂三人同買船票，指西航行。他們登大陸的第一站是上海。

船停靠在混濁的揚子江畔吳淞口。從甲板上遠望，這個國際港口裡停泊著各國的大小船隻，而紅、黃、藍、白、黑的五色國旗隨風飄颭，似在歡迎自己。人生真不可思議，十五年如一剎那，而許多事又如過往雲煙，不可把握。

許是久痾之後頓覺心胸開闊吧，雅堂竟覺得身體已健壯如昔，同時也遊興濃厚。行裝上陸，投宿「共和旅館」，他便開始了附近名勝的遊覽。舉凡西湖的六橋三竺、蘇小之墓、馮小青之墳，鏡湖女俠所葬之處，都令他流連徘徊，感慨萬千。

良辰美景名勝古跡當前，獨遊的雅堂心裡許多讀過的詩文都來到眼前，令他甚不寂寞。賞覽桃紅柳綠之餘，他也頗有一些觸景感念和批評。西湖的美，曾引得古今人物駐觀。於放鶴亭品茗休憩時，見到高約及丈的石刻，上有清高宗的手書。高宗南巡，駐蹕西湖，園庭花木之佳勝者，無不刻詩玄石，但是來自臺南的詩人連雅堂卻批評為：「詩每五言，劣甚。汗穢多矣！」兩日的遊跡所至，雅堂竟深深喜愛上這個江南的名湖。他在給筱雲的信上說：

> 他日苟偕隱於是，悠然物外，共樂天機，當以樂天為酒友，東坡為詩友，和靖為逸友，會稽、鏡湖為俠友，蘇小、小青為膩友，而苧蘿仙子為主人也。

旅遊的輕鬆心境，與佳景當前的歡愉，使得雅堂擺脫了日常瑣務俗事，浪慢之情達於高峰，發願與平素所敬佩羨慕的古人神交。他並且有另一首七絕〈西湖遊罷以書報少雲并繫以詩〉繫於家書之後：

一春舊夢散如煙，三月桃花撲酒船。他日移家湖上住，青山青史各千年。

等到有這麼一天，修史的任務完畢，他一定要帶著最愛的妻子偕隱於此秀麗的西湖之畔，讓青山護著青史，青史增添青山的光輝，那麼此生此世，已別無奢望了！

在雅堂離臺後不久，筱雲也辭別了客寓的「瑞軒」主人林氏，帶著次女春臺、兒子震東和三女秋漢，回到臺南，陪同雅堂的高齡母親劉氏。至於長女夏甸則因學業，暫時仍寄讀於臺北。這也是雅堂臨行前所作的安排。如此，雖然男主人不在家，但是三代同堂，老少各有照應，既熱鬧，也比較可以讓天涯的旅人放心安慰。

遠離家人和家鄉的雅堂，難得將行萬里路結合所讀萬卷書；而且他更時時關心著時局現實。在獨行於杭州市上，他身處於熙來攘往的庶民之間，耳聞當地竹枝之調，眼觀走過自己身邊的人，沒有一個腦後再垂著長辮子的人。想到先祖興位公以來，全臺胞的宗祖，乃至於全華夏的奇辱，都隨著長辮的斷盡而拭去，豈不是革命所帶來的光榮嗎！他也在杭州街肆觀察到禁菸之令甚嚴，違禁偷抽者置死。在他的《大陸遊記》裡，他寫下：「阿芙蓉流毒久矣，而毅然刷滌，則浙人之福也。」

遊罷西湖、杭州，暫回上海，再到南京。

南京古名金陵，是古代帝王之都，也是如今民國初建的首府，龍蟠虎踞，氣壓東南。在歷史上，這個地方是英雄之所割據，豪傑之所戰爭，也是名士之所嘯歌，美人之所顰笑處，所以春風秋月，賞心樂事，足供遊者憑弔。十五年前，雅堂在上海聖約翰大學讀書時候，曾經約略一遊；今日重來，江山如舊，風景不殊，但人世變化，則堪喜堪憂之事各有，教人如何不感慨呢！

雅堂登雨花臺，弔祭太平天王洪秀全。他事前預製〈至南京之翌日登雨花臺弔太平天王，詩以侑之〉四詩以代侑觴：

龍虎相持地，風雲變態中。江山歸故主，冠劍會群雄。
民族精神在，興王事業空。荒臺今立馬，來拜大王風。

漢祖原英武，項王豈懦仁？顧天方授楚，大義未誅秦。
王氣驕朱鳥，陰風慘白燐。蕭蕭石城下，重見國旗新。

早用東平策，終成北伐勳。畫河詩不遠，棄浙敗頻聞。
同室戈相鬩，中原劍失群。他年修國史，遺恨在湘軍！

玉壘雲難蔽，金陵氣未消。江聲喧北固，山影繪南朝。
弔古沙沉戟，狂歌夜按蕭。神靈終不閟，化作往來潮。

連雅堂高聲朗誦，傍若無人，聲音遠徹水雲，其他遊客還以為這是一個狂人哩。雅堂是一個史家，也是一個詩人，在這個歷史的古蹟上流連，他對太平天國的一段歷史，自有其冷靜客觀的批評；然而當他與「古沙沉戟」的雨花臺如此接近時，則又禁不住內心湧出一股熱烈的浪漫感慨！那些過客怎麼知道這高聲朗讀的清癯男子，是來自臺灣的熱血男兒呢？

南京城外名勝古蹟，如鍾山、明孝陵、朝陽門、明故宮、莫愁胡、北極閣等地，都有雅堂的遊踪。

秦淮河在南京城東南，水流橫貫城中。舊時歌樓畫舫，環集於秦淮兩岸，為江南一大名勝；而六朝金粉，豔說秦淮，古今文人，對這條泛著太多歷史光影的河流，多有未至便已嚮往的浪漫之情。雅堂當然也不例外。從前，他對秦淮河，只是得自古人詩文的一份想像；今天他終於親身泛舟其間。不過，時光如流水，一切歷史上的帝王英雄佳人妖姬，也都像過眼雲煙，過去了，便過去了，除了文字的記載以外，似乎並沒有留下什麼。眼前周遭，雖流水如碧玉，卻污臭不能飲，教人置身其間，反有些悵惘之感。他寫下了一首〈秦淮〉詩：

畫舫笙歌一夢休，秦淮春水尚風流。晚風挑葉迎前渡，落日楊花撲酒樓。
千古美人空有恨，六朝天子總無愁。瓊林璧月知何處，不及青溪控紫騮。

當時風恬波靜，泛舟其中，簫鼓一船，飛觴醉月。歷史與現實交融於一時，令人不辨古今。今夕何夕？月明當空，河上的空氣不冷不熱正宜人。原來是四月十五日的夜晚啊。

朱雀橋也在南京城的東南方，這裡和烏衣巷，同為六朝王、謝兩大貴族的風流遺跡。唐代的詩人劉禹錫曾經寫過一首傳頌千古的〈烏衣巷〉詩：「朱雀橋邊野草花，烏衣巷口夕陽斜。舊時王謝堂前燕，飛入尋常百姓家。」距離王謝家族勢力鼎盛時期五世紀後的劉禹錫，已無法捕捉當年的華靡風流了；距劉禹錫更在千年以後的連雅堂，又能看到什麼呢？「王謝風流，今不復見」，一切只有憑歷史與詩的彷彿去想像而已。然而，歷史人物儘管更遞，江山依舊不變，那幕府之山長存，而謝太傅的別墅則依稀若尚在；想像淝水一役，賴謝安一族協力支持，渡江殘局得以保存。「我思古人，悠然神往矣。」雅堂以一個歷史家的評判眼光，他的感慨似又不能不較劉禹錫多了一層。

他遊玄武湖。遊罷，乘車入鎮江，訪甘露寺；又買舟上金山、焦山。

此遊凡七日，連雅堂頗得山水之趣，而平日所讀詩文書籍的內容，亦藉此遊得以一一印證。他滿懷欣喜，感到豐收異常。於是，乘晚車返滬。

民國初建，當時會黨林立，海外華僑亦設立聯合會於二洋涇橋畔。這時，趕巧雅堂的朋友廈門人周壽卿也住在此地，他便前往訪問，另一方面，會中也頗多故人，大家都熱烈邀請雅堂。國民革命時，華人贊助甚巨，檳榔嶼的僑領吳世榮和泗水的僑領莊嘯國、巴達維亞僑領白蘋州等人創設了這個「華僑聯合會」，以聯絡海內外的樞紐；而這個組織也得到國父的核准才成立。公推汪精衛為會長，吳世榮為副會長，其經費則由各埠擔任；所以這是滬上基礎較鞏固的一個華僑組織。

雅堂來到這個會中，十分受到大家的歡迎，又因為他有多年的記者經驗，便順理成章的由他來出任報務之職，日日以國是報告海外。

當時上海一地的報業極為盛行，而且各有各的方向。屬國民黨的有《民立》、《中華》、《民權》、《天鐸》、《太平洋》；另外有《民強》，是代表當地人言論，而附麗於國民黨的；《大共和》、《神州》、《時事》為共和黨之報；《民聲》、《民社》是由張振武出資的民社黨之報；保皇黨方面所設《時報》，將附屬於共和黨；至於《申報》及《新聞報》，在當時已刊行幾達四十年，墨守舊義，不落任何黨派，為一般商賈所喜歡閱讀。在這眾多的報刊中，《民立》占第一位，《時事》次之，而《民權》與《中華》則不相上下，若就藝文性而言，則《太平洋》無疑的居首位，因為這份報紙是由文人柳亞子所主編的緣故。

報紙為輿論之母，連雅堂對於當時上海報界之欣欣向榮現象，頗感安慰；然而，另一方面，對於《民立》、《時事》二報所造成，因黨爭之隘而互相抨擊的風氣，卻又感到痛心疾首。

至於雅堂個人，這個時期，他以比較冷靜客觀的態度，一方面極力擁護國父所倡的民族、民權、民生三大主義，再者，更注意到男女平等的問題。他認為女子參政為文明國之所爭，雖以英、美人之自由，也尚未能達到這個目的，歸根結底，其癥結在大部份人仍為男尊女卑之說所囿，然而，要男女平等，進而達到女子參政，應從何著手呢？雅堂認為：除了與男子同樣接受教育之外，別無他途。

當時，唐群英、沈佩貞、吳木蘭等女士，曾糾合同志，要求參政，國父也贊成其舉。後來，唐、沈二人更於北京設立「女子參政同盟會」；於上海設置交通部，而由林宗素主持。林宗素是福建閩侯人，年約三十餘，曾留學於日本東京。她是自由思想的實踐者，她知道女子參政，先需要有學識，所以得南京政府之援，創辦「女子法政大學」於城內，其教師張亞昭，並且還自刊女權雜誌；惜因款絀僅發行兩刊便停刊了。林宗素知道連雅堂也是女權運動的擁護者，曾經對他充滿信心地說：「女子參政，在目前雖然遭受阻遏，不能貫徹本衷；然而在我們這些有心人昔昔而求之下，必定有成功之日，這只是遲早的問題而已。」

這個時期，上海勾闌中人，甚且設有青樓學校。這個事實，頗引起雅堂的驚奇與同情。春申為歌舞之地，其華靡程度，與秦淮相比，可謂有過之無不及。墮落此區的女性，往往一失足便無法振拔，實在令人憐憫。這裡有一位名妓，叫做張曼君。她年輕而生得才貌雙全，更為難得的是，為人負俠而頗能有求上進之心。曼君自己識字能讀報，她看到一些無知可憐的姊妹淘前途暗淡，所以起而倡議，與同儕柳如是、翁梅倩、林黛玉、謝鶯鶯等，共同設立了「青樓進化團」。經費不足，便演出戲劇籌款，獲得千數百金，於是設校於新民胡同。聘請二位女老師，教授國文、算術以及刺繡、音樂之學。柳如是為團長，張曼君為副團長。白天裡，她們集合眾姊妹上課，晚上則度曲賣笑。

妓女沒有自尊？不懂自愛？她們或於由家庭環境，或由於一時失足，墮入風塵中，便往往被社會各方目為自甘墮落，連帶蔑視了她們的人格；而她們自己也往往自怨自卑，甚至一生與幸福絕緣，永劫不復。這實在是不公平的。張曼君曾於酒樓數度見過連雅堂，他對於這位風度翩翩，溫文儒雅的南方書生十分傾慕，又知道雅堂鼓吹男女平等，所以曾經慷慨激昂地對他說：「我們妓女也是國民呀，怎麼能夠自暴自棄呢！」雅堂聽後頗為感動，安慰她說：「對，青樓也算得一業。你們在這兒修其容，習其聲，以售技藝；雖說是博金錢於溫柔繾綣之中，總是比貪官污吏之強噬民脂民膏要好得多了。」

然則，連雅堂竟是贊成娼妓制度的嗎？則又不然。他在《大陸遊記》裡曾經提及：

太史公曰：「今夫趙女鄭姬，設形容，楔鳴琴，揄長袂，躡利屣，目挑心招，出不遠千里，不擇老少者，奔富厚也。」君子曰：「女閭之設，王政之衰也。故管子以功利霸齊，齊無王也。」近世文明諸國，始有廢娼之論；衣食足而後知禮義，女閭之衰，可以觀其俗矣。

娼妓這一行，是世界上最古老的行業，有識之士不分男女都知道其可恥可悲；然而，卻始終沒有任何一個國家在任何一個時代把它徹底消滅，這固然與人類食色之本性有關，而與政治之衰弊，社會之風氣，亦不無關係。而人之惡習惡性，社會之道德習俗，要提昇至理想的淨明圓滿境界，的確也是不太容易的事情，所以娼妓之廢除，還有待於全人類男女之共同努力。在尚未能達到此一理想目標之前，人們也只有在消極方面給予妓女們同情和自新的機會罷了。

從來風塵之中多俠義之女，張曼君的自尊自愛，以及她奮發為姊妹們開放新境界的義舉，也就深深贏得連雅堂的欽佩。在旅居上海的一段時間裡，雅堂不僅視曼君為詩酒風流聚會場合的美麗伴侶，同時更引為知己朋友，所以寫了不少好詩給她。這裡試舉兩首以見一斑：

奇才未必天能妬，豔福從今取次修。千古美人原不老，一時名士盡低頭。
藉憑雨雨風風意，管領鶯鶯燕燕愁。劍影簫聲同此夕，銀河迢遞笑牽牛。〈示曼君〉

孔雀南飛馬首東，虬髯俠拂感懷同。心傷雲雨飄零後，眼倦魚龍曼衍中。
上帝夢夢天亦醉，群雌粥粥女偏雄。涉江欲采芳馨贈，十丈芙蓉落晚紅。〈出關別曼君〉

從前一首詩，可以想像張曼君風靡一時的情況；後一首詩，則為連雅堂後來離滬北上所寄贈。

這一段時間，連雅堂以遊客身分客串報務，工作輕鬆，心情也開闊，而他又熱情好交遊，所以每多詩酒酬酢的機會，一如他居住臺南和臺中之時。

一夕，他與朋友飲於勾闌，同座皆是革命黨人。酒酣耳熱，大夥兒便以猜枚代酒令。猜枚之聲隨著酒興漸漸高起，大家自然的也勸雅堂參加助興；可是，他平素對這種猜枚名辭的尚利祿便不屑道，於是大聲喝道：「諸公還是像老舊的官僚派嗎？」他這一大聲喊叫，驚動四座，所有在場的人都愕然。雅堂便說：「諸公以革命之士自居，推翻異族的壓迫，創建了共和的體制，以為把前清的瑕穢都肅清了。沒想到竟還沿用舊時的猜枚，叫嚷著『一品』、『五魁』什麼的，真令人討厭！這雖是小事情，但是如果不去改革，積惡長存，那等於是驅一世之人心於利祿之途。你們說，這個害處大不大？」

這倒是別人沒想到的一個問題，於是，大家問他：「那麼要如何是好呢？」

「改呀。改了，使合於民主的制度就好。我建議：把『一品』、改為『統一』。」眾人叫好！「其次叫做『兩院』、『三權』。」「對對，這樣更合乎共和國的精神了。」

於是雅堂又繼續發表意見：「下面是『四民』——士、農、工、商，是國之本；『五族』——意味國之所以成；『六法』——法治的根源；然後是『七曜』跟『八星』——這是世界之大同；在後為『九鼎』——表示今天我中華民國的武功彰明，以武勵民的意思。」「好好！但是，十應該怎麼叫呢？」「叫作『共和』！以『統一』開始，以『共和』收終，豈非圓滿之國嗎？你們看，對手為平權——權就是拳，取其諧音。人與人平，而後國與國平；發彩呼萬歲，是表禱祝的意思。我這建議，比較舊稱，豈單單是善惡之分而已，對於國人涵養的影響，可謂至深且大了。試想大家在賓朋之會，宴飲之間，嘴巴裡說慣了，心裡當然便記得；不多久，風行上海，專制的遺毒便也可以根治盡絕了！」

連雅堂在華僑聯合會不覺地居住一個月，平日除讀書撰文以外，也無其他要事。當時政局平穩，人民小康，本以為中國從此就會興盛起來了；卻沒料到，八月十五日，袁世凱突然補殺武昌起義有功之前湖北軍務司副司長張振武、及湖北將校團團長方維於北京，而秘不宣布其罪。輿論大譁，斥為違法。此是共和黨同室相殘之案，該黨的各報都為曲解，唯獨《民聲報》為張振武出資之報，故而大刺其罪；國民黨方面，則站在擁護約法、人權的立場，亦為之不平。雅堂個人對此事也有他的看法，他寫了一首〈聞張振武之獄〉詩，並有序：

張振武為武昌起義之人，黎元洪忌之，派赴軍事會議，密電袁總統請誅，遂與方維戮於市。國人冤之。

哀哀三字獄，志士不可辱。昂昂七尺軀，生死無須臾。君不見陽夏風雲會龍虎，一時健者張振武。馬上喑呼起戰征，帳前慷慨徵歌舞。副總統曰：噫！愛既不能，忍又不可，殺之宜。大總統曰：俞！爾有罪，法當誅。城門校尉執以趨。長安夜半天模糊，雙彈洞胸棄路隅。君不見彭越醢、韓信俎，古來冤獄無時無！

在連雅堂忙於國是輿論，熱心報務，一方面又四處遊覽，廣結新知之間，不覺的時光流逝。當人的眼睛忙著飽覽山光水色，手腕忙著揮毫疾書的時候，時間的動靜好像不會引起注意；只有在心思由動趨靜的時候，那日月的變化流轉才會教人驚訝，也只有在一切興奮的情緒沉澱下來得時候，旅人的鄉愁才會格外濃密。一夕，連雅堂在靜靜的旅邸前，寫下一段這樣的日記。

金風乍起，殘暑未消；陌上垂楊，漸含秋色，似訴年華將老者。嗟呼！樹猶如此，人何以堪？吾別家山亦半年矣。鶯花久謝，逝水不歸；舊夢新愁，竟難消遣。攬遊之心，陡然起矣！牛女渡河之夕，乘車而赴姑蘇，至於閶門之外，夜將闌矣。徒倚樓頭，獨看天漢，想起吾妻此時，上陳瓜菜，默祝雙星。真覺盈盈一水間，脈脈不得語也。

筱雲和三女獨子的身影縈繞在他的腦際，還有高齡的母親呢？家鄉的故知和青山綠水呢？今夜，他的思鄉愁緒特別濃。這一切，使他懷念關切，一時彷彿親近，一時彷彿遙遠。

就在雅堂離鄉半載，忽覺孤單寂寞的時候，他意外接到了一位同鄉吳少侯邀請共賞中秋月宴的帖子——時間是九月二十五日，這一天正是農曆中秋夜，地點是上海酒肆有名的「張園」。主人附言：「陪客盡是臺灣旅滬的人，所以務必要賞光才好。」

「每逢佳節倍思親」，雖然家人隔海不得見，能夠在此月明良宵，與同鄉見面，亦未嘗不是安慰鄉愁的良方。這一天，他穿著一襲藍灰色的長衫出門應邀。八月中旬的上海氣候，白天雖然尚熱，入晚之後，清風助涼，頗有幾分微涼意。那一襲臨風的長衫，把高瘦的連雅堂襯托得更形溫文瀟灑。

由侍者帶領進入「張園」那間套房時，連雅堂禁不住驚聲叫起來。因為，在座者除了主人吳少侯與他的一個寵妾之外，其他尚有林子瑾、李耐儂、高幸君，以及謝幼安夫婦。全都是臺灣人，而且更令人感到意外的是，謝幼安和王香禪這一對闊別多時的朋友，竟然今夕中秋，會面於上海，真正可謂「他鄉遇故知了」。幼安的豪爽依舊，而香禪則似乎較前豐腴一些，衣飾華麗的她，如今更具幾許成熟女性的韻致。

這一夜，皓月當空，賓主卻浸淫在話舊的溫暖氣氛中。酒酣後，主人請北京瞽者王玉峰彈三弦助興。王玉峰的技藝頗為神妙，使在座的人都聽得屏息感動。

酒醉肴飽，賓主盡歡。踏著月光回到客寓，酒量不佳的雅堂竟覺得有些暈暈然。月光從窗口照射進來——他沒有開燈，一任水一般的銀光瀉落在床前，桌上。此刻，他不禁沉緬在回憶裡，沉緬在不可思議的人生聚散的回憶裡……

記憶退去，退回到八年前。

八年前，王夢癡是臺北娛樂界的佼佼者。她在「永樂座」唱京戲——大家稱為「正音」。那時候的王夢癡年輕貌美，為人八面玲瓏，尤喜附庸風雅，愛詩文風流，所以名噪一時。許多文人墨客紛紛前往捧場。雅堂自己偶然北上，也曾經跟著三五友好去聽過她唱戲，經人介紹而認識了這位臺北艋舺的女藝人。

當時的連雅堂，在南北一群文友中，也顯得十分與眾不同。他的身材高高瘦瘦，一張臉清秀而儒雅，平時不大說話，但話一投機，就會變得滔滔不絕；尤其是辯論到文藝問題或是國家世局等事情時，更會像換了一個人一樣，興奮異常，十分雄辯。

那些時候，幾乎每回北上，雅堂總要到「永樂座」去為夢癡捧場；有時下了戲卸了裝以後，他們也會跟著眾人消夜或聊聊天什麼的。漸漸的，夢癡對於這位斯文而風度翩翩的臺南才子，有了深刻的印象。尤其是雅堂對於女性的尊重，不因自己是一個戲子，而流露絲毫輕蔑的神態，這一點使夢癡對他十分欽佩又感激。這位年輕美麗而又多藝的她，傾慕追求者大有人在，千金一擲為博美人歡心者更不知凡幾。但她卻偏偏獨對這位年輕瀟灑的臺南青年情有獨鍾。她知道對方有一位賢慧的妻子，也已有兩個可愛的女兒，她甚至甘居側室的地位，以遂委身所仰慕的人的意願。這個意願，她曾經於有意無意之間，直接間接地透露過。

王夢癡雖然不是名門閨秀，千金小姐，然而她的一片真情實在可貴，值得珍視。連雅堂也不是不喜歡她，不過，他自己是一個以開明新思想自居的人，他痛恨舊社會的許多陋習，也曾經目睹許多大家庭裡的悲劇都因男人的蓄妾而引起；而況，他主張男女平等——一夫多妻制，便是對女性的極大侮辱，自己怎能接受夢癡這個建議呢？即使那個建議完全是出於她的心甘情願……。這樣子做，自己將來又如何能領導社會人士鼓吹新思想呢？一個人的言行如果不能一致，又如何對得起自己和別人呢？何況，他對妻子女兒是深愛著的，他不忍心做出半點讓她們的現在或將來會有不快樂的事情，經過仔細得思考，冷靜的抉擇，他終於婉辭了夢癡的一片情意。他寧願傷她的心於一時，卻不能教她一輩子做一個活在暗影中的女性。他也不忍心讓這些年來與自己同甘共苦的筱雲受損一些些。因為如果接受夢癡的愛情，結果只是傷害了筱雲和夢癡雙方；這樣子，自己恐怕一輩子也不能真正幸福；然則三個人的前途將毀於一個衝動，一個錯誤的判斷。萬萬使不得！懸崖勒馬，這是智者的表現，也是勇者的表現。

於是抖落了臺北的一場彩色夢幻，他回到臺南，回到筱雲身邊，全心全意的。這個嬌小的妻子不動聲色。不知道她是否聞悉在南北文壇的一些風風雨雨謠傳呢？看來，她是如此的安詳，如此的信賴著自己；彷彿在她的生命中，自己這副瘦弱身子便是她唯一的庇護似的。

這個女人，我這一輩子也不能辜負她，我要用我全部的愛情來愛護她！雅堂在自己的心裡大聲發誓。

以後的日子裡，連雅堂一心一意於報務，風塵僕僕地南下北上，中間也一度舉家赴廈門創辦《福建日日新聞》，又開始著手撰寫《臺灣通史》。他的生命如日中天，他的理想抱負正要逐一推展開來。

據說，王夢癡在不多久之後便下嫁臺南舉人羅秀惠，可是婚後二人感情不睦，旋即又告仳離。夢癡於婚後，傷心失望之餘，竟遁入尼庵，過暮鼓晨鐘的清靜生活。她並且取了一個道名——「香禪」。

或許是一向生活在繁華環境中的她，終究耐不住那種青燈木魚的單調寂寞吧，過了不多久，便又返回俗塵來，並且再嫁於新竹籍的謝幼安。婚後，他們夫婦倆相偕赴大陸……

一陣涼風從開啟的窗外吹進，吹醒了連雅堂的酒意，也吹醒了他的回憶。

夜深沉，中秋深夜確實已有幾分寒意。他起來關窗就寢。

雅堂先生與友人合影。（民國元年、二年間攝）
右立者連雅堂，中坐者吳世榮、坐地上者白蘋洲。

九、書劍飄零

與謝幼安夫婦相逢於「張園」後，連雅堂的旅次生活又多了一層熱鬧，多了一些可以走訪敘舊的場合了。

幼安多才而性格豪邁，酒量很好。他與雅堂在臺灣時便已相識，如今滬上遇見，更倍增親熱，所以常常與香禪共同邀飲雅堂；有時候，席上還有張曼君作陪。〈幼安香禪邀飲杏花樓並約曼君同往〉，便是記敘這種歡欣的詩：

> 畫燭雙行照綺樓，酒觥詩卷儘風流。已開勺藥春婪尾，謾采芙蓉豔並頭。
> 太史文章牛馬走，美人心事燕鶯愁。他年各有湖山約，管領風雲百自由。

「杏花樓」是上海有名的酒樓，而張曼君則是上海的名妓。幼安之豪舉，於此可以想見。

這時後，雅堂自己《臺灣通史》已經動筆，以太史公自喻，雖然是詩人的豪語，不過，當時全臺灣的人士知曉他這個計畫的，也莫不以這兩位古今史家相比況；至於詩中所稱「豔並頭」，無疑是指香禪與曼君這南北兩美人。雖然這時候的王香禪已安為一位賢慧的謝夫人，洗盡鉛華不再鬻藝，可是天生麗質，薄施脂粉的她，反較往昔增添幾許高貴動人的風韻；而張曼君則既年輕又阿娜多姿，更難得她人在風塵中，卻有一顆上進的心和剛強的性情。主人豪邁好客，席上有雙美作陪，詩酒風流，倒也解得些許旅居的寂寞了。

現在的王香禪，生活十分優裕，閒來無事，便也想多讀些書，學作詩。她雖然所受的教育並不多，究竟以往日唱京戲的根底，對於字韻多少也有些認識，而且在臺灣時，一度也學詩於老儒趙一山。

雅堂看了她所作的幾首詩，大體不離香奩綺麗的風格，不過，她天質不差，好好教導，假以時日，必有可觀的成績。但是，文學跟其他藝術一樣，最怕一起始便逞聰明才華而忽略下苦心和功夫。雅堂覺得香禪的生活與個性既然傾向香奩體，也不妨讓她在這一方面更求精研。要學香奩體，自當從徐陵的《玉臺新詠》入手；然而運典構思，敷章定律，則又當自玉溪詩學起；這樣子作出來的詩才能華麗纖穠而不落油俗輕浮。於是他介紹了《玉臺新詠》和《玉谿生詩集》給香禪，要她先熟讀古人之詩。

香禪果然認真讀起詩文來，並且時時以所讀向雅堂請益。這個時期，連雅堂除了華僑聯合會的報務外，反正亦旅次休閒，便索性又教香禪《詩經》與《楚辭》。因為《詩經》與《楚辭》乃是我國古典文學的二大淵源，無論任何人想要吟詩賦文，歸根結底，於此二源頭是不能不顧的。

就這樣子，偶然客寓再逢，連雅堂與王香禪得有機會朝夕鑽研詩文。誰料得到十年之後，他們會在異地成為師長與女弟子的關係呢？而經過一段時間的指點與苦讀，這位女弟子果然不負雅堂之望，寫詩盡去前時之弊端，變得斐然可讀了。

上海只是雅堂遊大陸第一站，他以此為中心，四出尋訪附近的歷史古蹟和佳景名勝，收穫至為鉅大，可是沒有想到一住下來便是九個月的時間！

次年的元月二十四日，有華僑二十餘人來自各埠，他們要從南京乘車赴北京，去參加華僑選舉國會議員的投票。雅堂自覺在上海逗留的時間已經夠久，便決心同他們一起北上。

一行人先渡江至浦口，再乘火車赴天津。從浦江到天津，計程一千五百餘里，快車行二十六小時可到。當時的火車為英人所製造，車內設備相當周全，而路又廣軌，無論坐臥都十分舒服。

途經臨淮關、宿州、徐州，傍晚時分進入了山東省界；再經過滕縣、鄒縣、而到曲阜。這些古今歷史上的重要地方，例如漢高祖所起的徐州、孟子的故里鄒縣，又周公之所封、孔子之所生的曲阜……雖然都只是從車窗眺望而已，對於一個史家來說，不能不引發起伏的思潮和感慨。

火車繼續北駛，經過泰山時，雅堂頗想一睹其頂，可惜夜色迷濛，凍雲深鎖，什麼也看不見，只得悵然而睡。黃河，也只有一任火車在夢中駛過。早起一望，則車已至滄州。

抵達天津後，在俄租界車站下車。工商部已經派參事來接。北京的國民黨幹事亦遠道來相迎。於是，乘馬車到住宿的「德義樓」。

四天以後，代表人數增至四十餘人，便浩浩蕩蕩赴北京。

國會議員華僑代表會在前翰林院內舉行，費時共十日。然而冷眼旁觀，民國初建，真正的民主投票，似乎尚未能發揮其功效。連雅堂對此難免失望。

他也看到一些不合理的現象，聽到一些不可思議的論調。當時已是民國二年，可是北方人比較守舊，還有不少保留辮髮之俗的。譬如說：山東選舉國會議員時，許多人都主張留辮子的人無選舉權，但是那些留辮子的人卻多為有權勢的巨室，他們堅決抗議；後來，都督孫寶琦以此事請問於政府，袁世凱竟然下令說：「選舉一事也，髮辮一事也，無相牽涉。」所以，後來在民國的國會中，往往見到留著清朝辮子的議員。這真正是滑稽可笑的怪事。

一夕宴後，雅堂到茶館裡去閒坐。隔壁有兩個人，其中較年輕的說：「前回公園裡頭開會，有人在演講，說『現在是共和政體』啦什麼的。我們當然是要愛國的，但究竟什麼叫作『共和』呀？」另外一個年紀大的，便告訴他：「共和，就是大家和氣的意思。我聽說宣統皇帝年紀小，不能親理政事，叫袁宮保代辦，所以啊，叫咱們大家得和氣相處才是。」這種謬論，實在怪得可以！不過，這也難怪，因為國民革命的中心在南方，北地沒有受到什麼戰爭的影響；一般老百姓尚不知民國已經建立，袁世凱已經任為大總統了。若要全國四萬萬的同胞都明瞭共和的真理，實在捨教育無他途。普及教育，實在是刻不容緩的事情。

連雅堂生長在終年不雪的南方，而他的故鄉臺南，更是一個荷花獻歲，黃菊迎年的亞熱帶氣候。初春的北方，天寒地凍，然而卻阻止不了雅堂的遊興，另有一股吸引他的力量。而北京這個古都的風光景物又饒富情趣，所以他一天也無法待在房子裡；穿著棉襖，披著大衣，戴著手套，全副禦寒的裝備，使他無視於外面零度以下的世界。巍巍的天壇、壯麗的頤和園、故宮的數不盡的瓊樓玉宇、風雅有書墨香的琉璃廠，乃至於庶民風味的東安市場、八大胡同等處，莫不流連徘徊，留下深刻的印象。

喜遊歷、好朋友的他，在居京兩個月的時間，一方面飽覽了古都的景物，而另一個收穫，是新結識了陳熙亮、陳召棠二友。

暢遊北京之後，雅堂有意繼續遠征，作塞外之遊，但是京中的朋友無人肯偕遊。於是他攜一襆被，珥一筆，持一杖，以作張家口之行。三月的北地，寒風依然刺骨，卻動搖不了這位南方書生的決心。

京張鐵路為通往蒙古之道。這個交通要道是在粵人詹天祐的督導之下完成的。當時所有的造路材料，悉取諸國中，道路險阻，越山而行，以貫長城內外，可以想像其建築的艱難。然而自從此路開通以來，蒙古地方的貨物都賴以此為郵，所以收利也甚大。車站在西直門外，而總站則在豐臺，與京奉、津浦相接軌，是北方的要道。

車經清華、下關、中關、而上關，漸行漸遠離都郊，而窗外的風光也就慢慢轉變得更為氣象幽偉了。

上關，又稱居庸關。城之南門，有石刻「古雄關」字，字大徑尺。這是古代用軍之地，也就是《淮南子》一書中所謂「天下有九塞，居庸其一」的地方。讀萬卷書，還須得配合行萬里路，真正有道理！如今，映在雅堂眼前的是的的確確的真象，往日之所讀，現在都一一證實了。他的心情，不禁又激盪興奮起來。

火車繼續北駛約十五里之處，為八達嶺。此是明大將軍徐達大破元兵的地方。通過隧道之後，看到一座宋代楊五郎的石像，屹立山頭，不畏風雨，正象徵著一個堂堂男子漢大丈夫的氣概。八達嶺的北門，大書「北門鎖鑰」，為景泰三年所建，此地為長城隘口。

沿途塞外景色浩浩茫茫，時見蒙古人驅駱駝而行，成群結隊，鈴聲斷續，偪仄官道中，蔚為奇觀。入夜之後，車抵張家口。

同車中，有一個粵籍旅客霍幹唐，也是想赴蒙古的，雅堂便與他偕宿於張綏鐵路總局裡。張綏鐵路，起自張家口，終於綏遠城，中經山西的大同，為北界交通之道。當時這條鐵路正在修建中，局裡有許多局員都是粵籍的，聽雅堂與霍幹唐來，莫不欣欣然親切招待。

第二天一早，他們便乘坐騾車遊市上，到大境門之外，瀏覽長城。又登帽兒山，到陰山之麓而返。

本來，雅堂想要更前進到庫倫，可是逆旅主人勸告他們：「這個地方還沒有完全平定，時時有游匪四出。那些做買賣的人，為了賺錢，不得已而出，也都是一夥一夥的，不敢單獨去，即便是這樣，也還有不時遭到劫殺的下場。何況，路程那麼遠，天寒地凍的，在度過沙漠的時候，萬一有個差錯，那就太不上算了。」霍幹唐覺得這話有道理；遂暫時取消此行，等待來日有機會再一遊。

於是，作歸京之計。

火車經過南口，聽說明十三陵宏壯雄偉，便特往謁陵。

回北京數日後，買了些土產做紀念分送親友之用，便匆匆又治行裝，循京漢鐵路而下，以橫覽大河南北。出京三十里而到蘆溝橋。這時，岸柳未稊，殘月在樹，春寒襲人。雅堂於車中倚枕而臥。夜色蒼茫，半由夢中過之。他寫了一首〈蘆溝橋〉詩：

> 襴衫曾染麴塵黃，揮手東華事可傷。鄉夢漸多春夢減，蘆溝橋畔月如霜。

接著，車過涿州。那是傳說中黃帝大戰蚩尤的古戰場，也是黃帝威震大夏之始的可紀念之地。然後，又到易州，有燕丹的黃金臺在。雅堂在車中展讀《史記．刺客列傳》。俠義之士，一向是他所崇敬的，而做為一個歷史家，他更不喜歡以成敗論人。書中的文字與眼前的實景配合，於是彷彿看到兩千多年前的游俠之士；「士為知己者死」的節義，深深感動了他。而燕地蕭蕭之風，果然度車窗而過，耳畔似聞見「壯士一去兮不復返」的悲壯歌聲。

車到保定站時，雅堂聽說城中多古跡，便下車暫遊。蓮花池、小方壺、濯錦亭、藏經閣等地方，都印上了他的足印。然而使他感慨的，卻是廉頗的古廟。墓在城的西北十里，久已荒廢，廟跡尚在，而馨香已淡。中國人尚古，對於金石書畫，每每嗜之甚深，但對於古人的史跡，反多置而不聞；棟宇之建，俎豆之禮，其所祀者，乃為不可知之神仙；而所謂英雄烈士者，多在若存若亡之間，有時甚且有舉其名而不識的情形，這真是可悲之事！做為一個史家，他寧記取有血有肉的歷史人物，卻不願盲目膜拜虛無縹渺的神仙。

翌日，又乘車行，經堯母慶都氏的誕生地望都（古稱慶都）、戰國時代中山國的定州，而到正定。接著過滹沱河，而抵石家莊。

邯鄲在平原上，城大而堅固，是歷史上趙國的首都。來到邯鄲，便令人不禁想起戰國之末秦圍邯鄲之事。趙王乞兵於魏，賴信陵君盜兵符以救其困，信陵君因此義名高於一時。不過，趙國也有平原君善養士。人謂「地靈人傑」，然而信陵、平原二公子卻使邯鄲不朽！想到這裡，雅堂竟覺激動不已。城內有叢臺，為武明靈王之所築。遙想古代，漢光武拔邯鄲，曾置酒高會於此，雅堂也忍不住遊而登之，因為他來到邯鄲的目的，便是要以一杯之酒痛澆趙州之土啊！

又翌日，而至磁州。此地有一曹操的疑塚。再繼續向東南行，便到了有名的銅雀臺故址。曹操固為一時之健者，然而雄心霸業都如一陣煙雲，一世之雄，而今安在哉？

火車一逕向西行，中國版圖之大，歷史之悠久，一一驗證在眼前，而在歷史家眼中看來，更是無一地不載滿歷史的血淚歡愁故事。車子進入河南省境後，又經過殷之蔆里的蕩陰、衛之牽邑的濬縣及淇縣。武王克紂，分畿內為三國邶、鄘、衛，稱為三監。武王崩，三監叛，周公誅之，將三國盡封於康叔；所以三國之詩同風。《詩經．邶風》有：「亦流於淇」、〈鄘風〉有：「送我淇上」、〈衛風〉亦有：「瞻彼淇奧，菉竹猗猗」。這樣看來，遠在三千年前，淇水就是個勝地了。

過了殷之牧野的衛輝，再向南行百六十里便是黃河的北岸。此地一望無垠，土磽民瘠。黃河是世界的巨川之一，更是中華民族的文化發源地，然而事實上，這一條名河當前，連雅堂所見到的景象卻是挾沙沸騰，色黃而濁的水流。難怪大家都說：「俟河之清，人壽幾何？」到此一遊，當然也不能不有詩留念，他寫了一首〈渡黃河〉：

南來事事感懷多，莫謾停雲發浩歌。生死濁流污我足，汽車載夢渡黃河。

詩人作的是什麼樣的夢呢？是歷史的浪漫感傷的夢，也是現實滿懷理想抱負的夢。黃河之害，自大禹治水以來未曾斷絕，昔昔漏巵，致令民困國窮，為何想不出一個妥善而根本的治方呢？雅堂雖非水利專家，然而詩人也有報國之志，他認為欲治黃河，「當以種樹為第一，而人民不得侵耕，官吏不敢私利，而後可澄其源也。」

過了黃河，有一隧道，其山稱為廣武山。《史記》所謂楚漢俱臨廣武而軍，所指的便是這個地方。其實，這座山並不頂高。車站的左邊，有虞祠，為祭祀項羽的寵姬處。遙思當年四面楚歌，項王夜起飲於帳中，英雄末路，美人與名駒竟都不保，悲歌道：「力拔山兮氣蓋世，時不利兮騅不逝。騅不逝兮可奈何！虞兮！虞兮奈若何！」至今猶留遺恨。而後來晉代的阮籍登此廣武山，也嘆道：「時無英雄，遂使豎子成名。」如今臺南書生連雅堂來此，撫今追古，亦深有河山寂寞之感。

這一帶地方，盡是楚漢戰爭的遺跡。再下去，是滎澤，古地名稱滎陽，漢三年，項羽圍劉邦於此，若非紀信詐降，劉邦恐難脫免。站西有漢之忠將紀信祠，石碑甚巨，據說建於唐代，久已為風雨摧殘損壞了。

又經古代鄭國之地的鄭州。其南為許州。這個地方是春秋時期的許國地。漢末，曹操挾天子以令天下，其子曹丕篡漢，黃初三年，遂改為許昌。又南為郾城，也是春秋以來的歷史古跡；宋代岳飛駐軍於此，遂大破金兵，收復汴京。若非降詔頒師，則庶幾痛飲黃龍之酒了；而志竟不成！歷史上許多成敗的因果，有時竟是人為因素為巨。

接著，更經西平、遂平、確山、信陽州等地。這一區為春秋時期鄭國之屬地。鄭國山川奥衍，國小而人寡，成為列強爭奪之地。鄭的國君，沒有一個能與諸罷主抗衡，可謂岌岌殆哉，惟獨子產能保其邦，內明政法，外治兵戎，以周旋於列強之間，所以連孔子都要稱讚他：「子產有辭，諸侯賴之。」而《左傳》上所記載「子產不毀鄉校」的故事，更可以說我國古代一位有民主胸襟的政治家，難怪孔子又讚頌他：「人謂子產不仁，吾不信也。」偉大的政治家，其人格風度，的確是不受國家大小所限囿的。

距信陽七十六里，是新店。車站的西南方向，有武勝關。重巒疊嶂，形勢雄偉，為得天獨厚的天險。有山當路而立，鑿隧道以通之，是豫、鄂兩省之界，北屬信陽，南為應山。南北朝分治之時，便是以此為界限的。由此而南至漢陽，則皆為湖北之地；也就是春秋時楚國的領土了。

抵達漢口以後，雅堂便投宿於旅館中。這路上的旅行，可以稱作是歷史的巡禮，而雅堂又隨身攜帶一本《史記》，時時展讀，內心更有萬千感慨。他寫成七絕四首，題為〈京漢道中展讀史記拉雜得詩〉：

中原睥睨無餘子，亂世功名看爾曹。窮盡黃河九千里，我來廣武但狂歌。

相公昨日牽黃犬，上帝今朝殺黑龍。幾個出門西北笑，霸材王佐亦沙蟲。

豎儒幾敗而公事，孺子可為帝者師。聞道白登圍未解，陳平六計本無奇。

馬上縱橫得天下，廁中踞傲見公卿。叔孫議禮多牽強，笑殺迂儒魯二生。

武昌是國民革命首義之地，壯夫烈士殉難之場，所以也是中華民國之發祥地，在近代中國歷史上，這個地方尤值得紀念。連雅堂到此地徘徊，憑弔先烈，心中不禁感慨：「文明之價，當以流血求之也！」

黃鶴樓在蛇山之上，下臨江滸。登樓一望，萬里江流，直奔眼底。這個樓，更由於唐代詩人崔顥題詩以來，名傳宇內，千載以下，成為騷人墨客所嚮往的地方。不過，原來的樓已被火焚數度；光緒年間又遭回祿，後經鄂督張之洞重修。樓上有賣茗者，雅堂好品茗，當此詩文風雅之古跡，如何可以不一試？便登樓坐而飲，追思古今，憑弔興亡，頗覺得盪氣迴腸，悠然遠矣。下樓至都督府，訪二三故人，順途經過武昌府署。

次日，遊漢陽，登大別山及晴川閣。琴臺在城北二里處，此地地勢較為高曠，林木翳然，是名符其實的勝地。相傳為伯牙鼓琴之地。攜節小憩，頓覺俗塵全消，是詩人的敏感嗎？還是化文字為想像？彷彿琴音琤琤，流水高山，依稀猶在。

雅堂離開北京時，春柳猷未稊；渡河而黃；至漢而綠，如今則萬縷依依，似要牽征人之恨。地理景物的變化，加上歷史故事的感慨，幾乎使他忘卻時光的流轉；而驟然的，柳絲牽動離緒，酒愁詩夢，尚滯天涯，想申江花訊促人歸去，遂決計東返。回去的路線，改採由水路。長江光景絕佳，舟行也十分愉快。兩岸青山，若遠若近，諒必是天地靈鍾之氣使然。

次日早晨，船泊九江，上岸一遊。江畔有琵琶亭故址，可惜蘆葉荻花，來非其時，但見細柳新蒲，綠波一色而已。入夜後，至安慶，泊於蕪湖。如此停停復駛，舟行五日，過下關，歷鎮江而回到上海。這時候，雅堂所籌備的《華僑雜誌》將發刊，所以仍寄寓於華僑聯合會中。

四月二十日夜半，袁世凱嗾使賊人槍擊國民黨代理理事長宋教仁於上海車站。消息傳來，全國譁然，國民黨人尤其大憤，孫中山與黃興聯名通電，主張嚴究宋案。

袁世凱又違法逕與英、法、德、俄、日五銀行訂約大借款，參議院議長張繼聞訊，夜半偕副議長王正廷到滙豐銀行門前，想去阻止；詎料，外交總長陸徵祥已簽約離去。於是，張繼到上海，以政府之罪告之於國人。蔡元培等人也從歐洲歸國，企圖止變；但眾人欲以兵戎從事。章太炎又赴武昌，勸黎元洪出面調停；黎元洪原先已經答允，卻為其秘書阻止。於是，南北之戰遂不可避免。

當時，連雅堂在華僑聯合會中，日日以國內消息電告海外；各地華僑有很多人以書信訊問時局，他也旦夕批答，致手腕為之痠痛不已。

當時國內騷亂，如蜩如螗。雅堂個人雖不忘書生報國之志，勞心國事，卻亦無可如何。而東北方面，有《新吉林報》聘請入社，便欲藉此機會遠遊關外，以觀其變。於是，於六月三十日，乘舟赴牛莊（即營口）。這裡有幾家漳州人營商。有一個金門人王敬欣，與雅堂曾在滬上相見，便欣然盡地主之誼，導遊市上各處，又參觀了製油廠。

次晨，乘車赴奉天，至大石橋。這裡是南滿鐵路的幹線，向南，可以通往大連。這條鐵路為俄人所築，所以也接通西伯利亞。日俄之戰，俄方敗績，割讓予日本；以長春為界；南為南滿，北為東清，為亞歐連絡之線。其後，日本又於奉天別築一路至安東線，渡鴨綠江而入朝鮮，以至釜山；自釜山乘船到日本門司，只要半日。而到臺灣，也僅需三日。交通的發達，使得世界變小，往昔由奉天乘船到臺灣，簡直如同天南地北，不知要耗費多少時日，現在卻只要五、六天工夫便可到達。科學交通之利，不可謂不小。

滿州這個地方，是關外之地，在古代是謫官之所棲遲，征夫之所戍守，因此以其為背景而發為詩歌者，大都無聊不平之意；沒想到，雅堂今天以一介書生，獨提三寸之筆，到萬里之外的此地來走馬尋詩，射鵰飲酒，這也是值得自豪的一件事了。他寄了一首詩給故鄉的妻子，題為〈遼東道上寄少雲〉：

關門楊柳馬前紅，萬里音書寄塞鴻。莫向閨中驚曉夢，征人今日渡遼東。

車過遼陽而抵奉天。奉天為愛新覺羅氏故宮所在之地，宮中富藏珍寶，價值數千萬元。由於都督府的介紹，雅堂得以入內詳覽。宮中之物，千奇萬萃，多至不可計數。雅堂素好吉金，因為可資史籍之補充，所以他先觀賞這方面：有十二廚，八百五十件，皆是周秦以上之物；次觀印璽、刀劍、衣裳及書畫、瓷器等。每一欣賞，都使他感歎，認為這裡面所包容的，乃是我國四千年來之最精華，非僅是我國的文明而已，也足以代表東洋的文明。宮中所藏的東西，雖窮十日也看不盡。而今，走馬看花匆匆瀏覽，已使雅堂大飽眼福了。清宮中又有文淑閣，為藏書之府，裡面所收藏的書，多為外界所未見之書。雅堂平素也喜好異書，遂勾留六日，略窺一二。然而，文淑閣裡所藏的書籍頗多，浩瀚如海。見有《平定臺灣方略》，凡數百卷，記福康安平定林爽文事，並附圖數十，遂瀏覽其概，以為修《臺灣通史》的史料。當然，這是官書，他知道未可盡信，但又覺得不無小補。

福陵在奉天城外約八里，這裡有清太宗之陵，規模雖不大，而樹木茂密。雅堂來此參觀，對於歷史興衰，不禁又增一感喟。

回到奉天城，他又參觀了收藏豐富的北方天然物品陳列館，以及清帝狩獵之地的圍場等地。

對於生長南方的連雅堂來說，這些種種，毋寧是饒富異國情調的。

於是，從長春乘吉長鐵路，赴吉林。吉長鐵路總長九十三里。前日一場大雨，使河氾橋折，車幾不得行；本擬改道東清鐵路，則須由寬城子至陶賚昭，地在松花江之南，再乘俄船到省垣，這樣，路程既遠，而沿江又時有馬賊襲劫，實在危險。幸而第二天聽說吉長火車已通行，不過，飲馬河需要徒步，雅堂便輕裝而往。沒想到，過河時忽又大雨，狀殊蕭瑟，不過，倒也頗能令人領略塞上早秋的滋味。他有一首〈大風雨中渡飲馬河〉詩，以紀此行：

短衣長劍出關遙，萬里征人唱渡遼。漠漠山河秋瑟瑟，淒淒風雨馬蕭蕭。歌翻勒勒笳聲健，杯酌葡萄酒力驕。今夕松花江畔路，有人攜手慰無聊。

渡完河，再乘車，經土們嶺，便到了目的地——吉林。

在吉林，雅堂不必住旅館，也不必住報社安排的地方，卻有故人謝幼安夫婦在歡迎著他。前引這首詩的末句「有人攜手」，便是指謝幼安與王香禪。

何以如此？

原來，謝幼安與王香禪在連雅堂北上尋長城，西行訪慶安以前，便因幼安受聘為吉林法政學堂教習、兼治報務的關係，而先行離滬，北來吉林了。其實，萬里孤行，雅堂應「新吉林報」之聘，多少也受到謝氏夫婦慫恿的影響。幼安與香禪來到吉林後，兩人分別幾次三番寫信給他，敘述吉林山水之佳，足供題詠云云。

車到吉林時，雨已霽，夕陽照人，路木欣欣向榮，新闢的街道也十分寬敞平坦，景色十分怡人。雅堂乘坐幼安夫婦來迎的車子，駛向他們的家，心中覺得頗不可思議。人生行止，真正是無定，就像一片浮萍，一叢飄蓬，悲歡離合，任其自然。不然，以自己這個南方遙遠的海外之人，何嘗料想得到會間關萬里，竟有此塞上之遊呢？

謝幼安夫婦的住宅極為寬敞安適，庭園既大，而房間又多，僕佣眾伺。他們為雅堂布置了一間臥室及一間書房，使他由衷感覺賓至如歸，既可以自由工作閱讀，又不至有客鄉寂寞之憾。

謝幼安是一個好交遊而性豪邁的人。他讓雅堂酣睡一宵後，第二天一早，便帶著這位嘉賓，到處訪問當地的聞人，如滿州世家子弟松秀濤，「新吉林報社」社長楊怡山等人。當晚，由楊怡山社長在吉林最豪華的「第一樓」邀宴，為遠道而來的連雅堂洗塵。鬥酒賦詩，賓主盡歡而散。

連雅堂一向關心國是，一管三寸之筆在他手中，就是一把正義的劍。他到「新吉林報社」任職後，一憑他過去的態度，撰文評論時政，筆鋒十分犀利，有如利刃。這時，袁世凱的所做所為，已普遍引起國人反對，南方一片討袁聲起，而袁政府亦處處小心謹防；不多久，《新吉林報》的嚴厲社論引起其注意，遂被查禁。

然而，雅堂不是一個容易受挫折氣餒的人。《新吉林報》關閉以後，有一個《吉林時報》的社長，日本人兒玉多一，經人介紹，有意與雅堂合作。於是，在主持公論的原則與前提之下，新的一份報刊誕生了，它的名字叫做《邊聲》。在袁政府的動輒得咎，高壓手段之下，無論關內、關外的民間報紙都遭受摧殘，沒有一家報紙敢言是非，唯獨《新吉林報》，由於受到林領事的支援，所以尚能暢所欲言。由《新吉林報》而《邊聲》，雅堂的筆調未嘗改變方向。於是，在國內報界一片沉寂的氣氛之下，《邊聲》就像東北方向的一支號角，吹向內地，那響亮的異聲，震動了千千萬萬的人心。雅堂秉持正義，口誅筆伐袁世凱的罪狀，他寫的字字句句都代表著老百姓敢怒不敢言的心聲，真正做到「為民喉舌」的地步。

這一份新創的刊物，得以在短短兩三個月的時間裡，廣受到讀者歡迎，銷路遠屆雲南、四川一帶，正由於這個敢言的風格之故；不過，也因為它的暢銷情形，自然難逃袁世凱耳目的注意，袁政府又重施故技，想要封禁《邊聲》。但由於它不同於國內一般報紙，而是表面上由日人所主持的，所以只得經由外交手段交涉，而日本領事卻置之不理。

然而，這份一支獨秀的報刊也終難逃厄運。在袁政府的虎視眈眈之下，苦撐了三個月以後，遭受多方的壓力而告結束。這是民主政治的失敗，是言論自由的一大諷刺。雅堂感到落寞與憤怒，他在日記上這樣寫：

朔風既起，雨雪紛飛，塞上風光，一時淒冷。而邊聲遂以十一月三十日停刊，讀者憾之。然余仍居此地，閉戶讀書，以考吉林之史。

淒冷的是吉林的冬天，淒冷的是異鄉遊子的心，幸而有主人謝幼安夫婦的熱心款待與親切安慰，才使他感到一絲溫暖。

《新吉林報》被查禁，《邊聲》也告夭折。雅堂暫時不作南歸之計，是因為幼安與香禪一再挽留的關係，而既然萬里間關來此北地，他自己也願意多一些收穫；於是，他閉戶讀書。窗外是刺骨的朔風，是皚皚的白雪，然而屋內有暖暖的爐火，豪爽的主人與體貼的女主人又待他如手足如師長，所以使他可以安心生活讀書。

他們三個人，經常圍著爐火取暖，閒話故鄉及友朋，當年滬上相識的曼君，也值得懷念。雅堂寫了一首〈寄曼君〉，以詩代函，致問候之意：

痛飲黃龍未可期，投荒猶憶李師師。杏花春雨江南夢，衰柳寒笳塞北詩。

此日飛鴻傳尺素，他時走馬寄胭脂。鏡中幸有人如玉，位置蘆簾紙閣宜。

不過，幼安究竟是男人，在外有工作，雅堂客寓閉戶讀書多半的時間，自然多由香禪陪伴了。這時候，她也已經是兩個孩子的母親，卻因家中僕佣眾多，隨時聽候差遣，也用不著花費許多時間去管理家務，而喜歡詩文風雅的她，更以能有此良機親聆教誨為榮。如今，她既身為女主人，更兼女弟子的身分，對雅堂的生活起居照拂得無微不至，且伴他闘茗賦詩，閒話古今，主客雙方都感到十分投機欣慰。這個時期，連雅堂有好幾首詩都是以王香禪為對象而寫作：

旗鼓東南戰伐頻，玉關楊柳拂征塵。誰知風雲穹廬夜，竟有敲詩闘茗人。〈與香禪夜話〉

錦屏紅燭話秋心，十日騷魂感不禁。山下蘼蕪香滿手，江干蘭芷淚沾襟。

天風樓閣能來往，弱水蓬來自深淺。青史他年修福慧，檢書看劍有知音。〈秋心〉

離家二載餘，鄉愁萬里，萬丈雄心卻受挫於現實，若不是主人亦友亦弟的細心款待，風雪穹廬的北地寒夜，實在滋味難以消受。

匆匆的，在謝宅做客已有數月，沒有料想到八、九年前在臺北認識的那個擅唱正音的王夢癡，竟會再度以謝幼安夫人的身分細膩款待自己；人生有時候真是不可思議啊！於是，他試以香奩體作了一首題為〈天上〉的浪漫長詩，來記二人之間由初識臺北，到滬上相逢，乃至吉林再晤的經過：

天上秋將過，人間恨已平。棄繻歌出塞，結轡拜傾城。岸柳新陰遠，池荷褪粉輕。
來時呼咄咄，往事問卿卿。憶昔遊蓬島，相逢在太清。高樓居弄玉，閬苑降飛瓊。
瑟鼓湘妃曲，絃調趙女箏。波翻裙帶動，風引佩環鳴。鏡檻看文鳳，簾鈎喚錦鸚。
秦雲俱有意，楚雨更含情。胡蝶醒前夢，鴛鴦訴此生。已憐憔悴影，無那惱儂聲。
釵析雙鬟股，棋殘一局枰。匆匆聞話別，渺渺賦長征。我自消離恨，君真負盛名。
申江重握手，子夜續詩盟。細卷珍珠箔，還依翡翠屏。有時同詠燕，無處不聽鶯。
歇浦春潮滿，袁臺夜月明。蘼蕪香晼晚，芍藥意輕盈。別淚鮫長濕，閒愁雁計程。
相思傳錦字，惆悵倚疏櫺。五里花如霧，三春絮化萍。片帆遼海去，一劍薊門行。
鷄塞雲停夜，龍潭雨乍晴。乖期方積思，含笑重歡迎。駟秣芝田館，鳳棲竹塢亭。
投壺逢玉女，擣藥見雲英。畫染芙蓉豔，詩吟荳蔻馨。金爐香裊裊，銀燭夜熒熒。

射覆猜紅豆，藏鈎賭綠橙。晚涼粧欲卸，卯飲醉初醒。錦濯松花水，裙煎芳草汀。
梅魂爭冷瘦，桂魄比娉婷。公子懷蘭芷，佳人寄杜蘅。天涯同作客，感此二難幷。

「對名花讀書，是名士風流」，不過，《邊聲》既停刊，而北地的隆冬亦已度過，雅堂覺得該是向東北告別的時候了，便向謝氏夫婦表示去意。幼安好客，香禪更是依依不捨。她作了一首詩以示誠懇：

數株松竹繞精廬，絕色天花伴著書。此味年來消受慣，秋風底事憶鱸魚？

明知雅堂在吉林只是作客，而兩人竟能於十年之間，由結識到重逢，這中間自己對於這位人物的感情，則燃燒復熄滅，激動又克制，愛慕更敬重，充滿著許多錯綜和矛盾；可是，終究像一縷青煙，不可把握……

對於香禪的好意，連雅堂只有留詩代答〈久居吉林，有歸家之志。香禪賦詩挽留次韻答之〉：

小隱青山共結廬，秋風黃葉夜攤書。天涯未老閒情減，且向松江食鱖魚。

附香禪原作云：數株松竹繞精廬，絕色天花伴著書。此味年來消受慣，秋風底事憶鱸魚？

此外他更寫一首〈留別幼安香禪〉詩：

平生不做離愁語，今日分襟亦惘然。客舍扶持如骨肉，人間聚散總因緣。
塞雲漠漠遲春色，海月娟娟憶去年。賓雁未歸征馬健，一簫一劍且流連。

初到吉林，是在去秋七月，如今正要踏著春光離去，客中復作別，情總惘惘，然而天下無不散之筵席，人間聚散亦無可如何，只有一再叮嚀，互約再會之期而已。他後來另有一闋〈念奴嬌〉詞，小題云：「天津留別香禪」：

武公歸矣，正滿天風雪，箏琶聲起。老我關山歸夢遠，一日夢飛千里。孤館吹簫，長空看劍，此意知誰是。青衫淚濕，滿瀉幽恨如水。　　爭奈烈士磋跎，美人遲暮，分手情難已。幾度相逢拋不得，更有青山青史。聽雨懷人，拈花證佛，且莫傷蕉萃；江南春暖，扁舟同訪西子。（香

禪有同遊西湖之約）

民國三年（一九一四）春，雅堂離開吉林，暫回北京。

在北京期間，他見到了文史界頗有名望的人物，與他們當面交談，留下豐富的經驗。

他曾經在陳熙亮的陪同下，去拜訪國史館館長王闓運。他們二人志趣頗能投和，不僅暢論史學，更及於莊子、墨家等哲學思想的問題。後來，闓運並應雅堂之請，為他書一中堂，書如左：

百里望郵亭風塵起春

色山川共光影草樹非一碧

如何當窗者坐歎金閨客

雅堂先生雅鑒　王闓運

章炳麟是雅堂從幼年時代便十分崇敬的人物。當時被袁世凱軟禁在東城錢糧胡同的一個房子裡，每月給他一些銀子供生活需用，卻以巡警充閽人，對於來往出入的人監察甚嚴；不過這倒沒有影響二人見面的歡愉。章太炎對於從南方來的這位青年有志之士十分欣賞，他據案高談，滔滔不絕，如瓶瀉水。雅堂則以機會難得，所以將他平素心底的種種疑難，儘量向這位長者請益，所謂「聞君一席話，勝讀十年書」，對於當時三十六歲的雅堂而言，實在獲益匪淺。

清史館在東華門內，當時館長趙爾巽正廣延海內通儒，負責撰述之任；得悉雅堂也在北京，便聘請為名譽協修，入館共事。對於治史的連雅堂來說，這是一個大好良機，因為館中所保留的許多檔案，非外人所能隨便瀏覽的，他懷著太史公覽閱石室金匱之書一般興奮的心情，翻閱各種有關臺灣建省的檔案，舉凡沈葆偵、林拱樞、袁葆恆、左宗棠諸人的奏疏，都一一錄存，以備返臺後繼續修《臺灣通史》的珍貴資料。另一方面，又藉此機會，上書力陳《清史》應增〈拓殖志〉，以記華僑拓殖各地的情形，並且自薦願任為纂編此志之職。他在〈上清史館書〉中，有這樣的話：

……天相諸夏，共和告成。華僑之歸自海外者，群策群力，胥謀建設，以宏佐新邦。而政府亦日以招徠華僑，為殖利開源之計。然而政府固不知華僑之情形，即國內士大夫亦少知海外大勢，而為一考其利害。管窺蠡測，語多爽實。則以國內既乏考據之書，而華僑又不能自述其史，以介紹國人。又豈非史氏之咎歟？追懷先德，瞻顧前途，爰及子孫，用張國力，則拓殖志之作，豈可缺哉？……橫生長臺灣，壯遊南土，歐、美、菲、澳之華僑，既習與往來矣；摭拾遺聞，旁採外史，潛心述作，於今十年。華僑聯合會創立之歲，多士最於滬上，提議篡修，僉有同志，期月之間，惠書盈筴，而奔走風塵，未遑筆削。私心耿耿，寢饋不忘。今史館既開，徵文考獻，以橫不肖忝侍諸賢，何敢不貢其誠以揚國家之休命？如蒙俞允，命輯斯志，伸紙吮毫，當有可觀。豈唯史氏之責，民族之興，實式憑之。敬布鄙懷，諸維亮鑒。

書生報國的熱情，躍然紙上。不過，沒有多久，雅堂接到母親劉氏和妻子筱雲促歸之書，便有離京返臺的意思。

劉氏和筱雲何以突然馳書促歸？

那是因為他們的次女春臺突然夭折的緣故。這個女兒當時只有十三歲，平日溫順內向。一天，她去外面看熱鬧，回家便感不舒服，又怕母親掛慮，便自己偷偷拿了劇藥「六神丸」服食。或許由於藥丸子很小，不慎服食過量，未幾便不省人事，口吐白沫，待家人發現，延醫診治，已回天乏術。

雅堂疼愛子女，筱雲和婆婆商量，怕他知道實情後會不堪此一大打擊，所以信上並沒有提到這事情，只表示去鄉已久，老母思念，要他儘速回來而已。

既然歸期在望，而重遊大陸又不知在若干年後，於是他多方奔走，並請尊長友朋題字留念。

章炳麟給他寫了一首七言絕句：

蓑牆葺屋小于巢
胡地平居漸二毛
松柏豈容生部婁
年年重久不登高
書贈雅堂　章炳麟

胡適也給他題一面扇：

山下綠叢中，憋瞥見飛簷一角，驚起當年舊夢，淚向心頭落。對他遙唱舊時歌，聲苦沒人懂，我不是高歌，只是重溫舊夢。

他又多方蒐購光、宣以來所出的各種新書。計有梁啟超《飲冰室茶集》、嚴復所譯《天演論》、《原富》、《法意》，以及康有為、譚嗣同、章炳麟、林紓等人的著作多種。

左圖：王闓運贈雅堂先生之中堂。（民國三年）
右圖：章炳麟書贈雅堂先生之中堂。（民國三年）

十、名山絕業

民國三年（一九一四）冬，連雅堂結束了為期三年的大陸遊歷，回到了故鄉。船泊基隆後，先在臺北停留。夜訪故友魏清德，出示在大陸期間所作的百數十首詩，並請代為寫序。清德是雅堂五年前認識的文章知己；他的父親魏紹吳，為人沉潛含蓄，頗具古之隱君子風度，也十分受雅堂尊敬。

於是，從臺北乘火車直奔臺南。

入得家門，雅堂的心情悲喜交集。三年的時間，並不算太久，妻子依然美麗如去鄉時，孩子們長大些了；可是，次女春臺竟已夭折！他錯愕悲痛，悔恨茫然，但是，看到筱雲眼中滴下大顆的眼淚，他只有強忍悲哀，反而安慰妻子。三年來多虧這個嬌小的婦人，服侍老母，養育子女，她不敢在信上明言，則別有苦衷；那是怕增加自己旅途上的精神負荷啊；可憐她獨自承擔這許多的責任，不知道過去一段時間裡，她內心有多沉重多焦慮啊。雅堂甚至覺得愧疚，在女兒病重危篤時，自己竟逍遙在外，而沒能夠分憂。

然而，往者已矣，嘆息、眼淚、哀慟都不能使愛女再回到這個世界來。在筱雲的陪同下，他到春臺的墓地，為她上香、供花、燒金紙。願她在天之靈安息，希望她能體諒為父內心的愧疚。

臺南的親友們聞悉雅堂已經返鄉，莫不競來探望把晤，並且紛紛索詩傳觀。行萬里路，的確有助靈感，他把旅中所作的詩取出整理，共得一百二十六首。朋友們都勸他應該把這些詩付梓傳諸世間，而他自己也希望藉此留為記念，於是，便重新寫了一封信給在臺北的魏清德，請為撰序。由於這一百二十六詩皆是遊大陸三年時間裡所作，便定名為《大陸詩草》。雅堂自己也有一篇序文：

連橫久居東海，鬱鬱不樂，既病且殆，思欲遠遊大陸，以舒其抑塞憤懣之氣。當是時，中華民國初建，悲歌慷慨之士雲合霧起，而余亦戾止滬瀆，與當世豪傑名士美人相晉接，抵掌譚天下事，縱筆為文，以譏當時得失，意氣軒昂，不復有癃憊之態。既乃溯江、渡河、入燕都，出大境門，至於陰山之麓，載南而東渡黃海，歷遼瀋，觀覺羅氏之故墟，而弔日俄之戰跡，若有感於東亞興亡之局焉。索居鷄林，徘徊塞上，自夏徂冬，復入京邑。將讀書東觀，以為名山絕業之計，而老母在堂，少婦在室，馳書促歸，棄之而返。至家，朋輩問訊，輒索詩觀。發篋視之，計得一百二十有六首，是皆征途逆旅之作，其言不馴。編而次之，名曰《大陸詩草》，所以記此遊之經歷也。

嗟呼！余固不能詩，亦且不忍以詩自囿。顧念此行，窮數萬里路，為時幾三載，所聞所見，徵信徵疑，有他人所不能言者，所不敢言而亦言者。孤芳自抱，獨寐寤歌，亦以自寫其志而已。殺青既竟，述其梗概，將以俟後之瞽史。

乙卯仲春　臺南雅堂連橫序於劍花室

在那個時代，文人為自己的詩文集子寫序，並不作興表示對親朋家屬的謝忱，但是，如果要說連雅堂之有這個詩集的出版，乃至於他能夠有大陸三年遊歷的良機，首先他要感謝的應是妻子沈筱雲。雖然，在自序中他一字不及於筱雲，但看他的〈寄少雲〉四首七絕，便可以知道詩人心底是如何的感激妻子了：

三年鄉夢落關河，大地風雲昔昔過。詩愈雄奇身愈健，此行足慰細君多。

米鹽碎瑣家常事，文酒風流俠少時。我不封侯卿未老，青山招隱阻歸期。

男兒鑄史女繡詩，武公之子乃爾奇。賴君為母兼為父，晝課男兒夜女兒。

藏書已得九千卷，論史旁通廿五朝。從此潛心求絕業，名山風雨不飄搖。

另一首〈歸家示少雲〉，也充分看得出雅堂對筱雲深厚的情感：

三載浪遊所得何？百篇詩卷壓歸舟。昂頭太華山笑低，濯足溟滄水倒流。

天以奇才錫憂患，我聞綺語散離愁。今宵酒綠燈紅畔，共倚闌干看斗牛。

二人間深刻的瞭解，誠摯的愛情，這種和平自在的境界，只有多年的夫妻才能領略。

等旅途勞頓過去後，雅堂又回到他的舊日工作崗位《臺南新報社》，重任漢文部主筆之職。這時期他三十八歲。原本比較羸弱的身體，因為三年的遊歷而完全回復健康，遊歷也增益拓寬了他的知識胸襟。生命如日中天，他感覺到精力旺盛，熱情洋溢，要做的工作計畫太多太豐富了！他一方面忙著本分的報務，陸續發表三年所作的詩文；另一方面則繼續撰寫未完成的《臺灣通史》；更以蒐集史料所得及平日觀察的種種，另著短文。這些短文，後來彙集成為《臺灣通史》的副產品《臺灣贅談》，也在《大陸詩草》出版次年付梓。

《大陸詩草》出版後，雅堂便以其書寄贈於章太炎。章太炎對於雅堂諸作頗為喜愛，對於那孤臣孽子之情，激昂慷慨之辭，更是十分感動，曾經批評道：「此英雄有懷抱之士也！」而臺灣文壇諸士，也都視此集出版為一盛事，紛紛贈詩稱讚祝賀，下面舉三例：

萬里歸來連劍花，朔風吹髮動鬖髿。
久懸佳傳規倉米，滿寫新詩入壁紗。
是處釣游名士轍，中宵歌哭酒人家。
出門我亦方西笑，看汝先驅建德車。（林資修　題大陸詩草）

挾策中原試壯遊，俗儒狂笑腐儒愁。
著書直括三千載，潑墨橫流十二州。
大塊文章歸史筆，小盧風雨惱詩囚。
無端復唱江東去，絕響銅琶弄未休。（李書　前題）

天地生才本不豐，七鯤乃有連武公。
讀書萬卷行萬里，使筆如劍氣如虹。
宋豔班香合身手，河黃塞紫吞胸中。
一篇大陸新吟草，雕繡人間作虎龍。（趙鏡麒　前題）

雅堂生性爽朗好友，所以他雖工作忙碌，仍未斷絕與騷人墨客的來往，由於他為人正直而又才氣高，所以交遊滿天下，人緣也極佳。在他遊大陸之前，因遷居臺中，而參加臺中的詩人組織「櫟社」，但原屬「南社」的會員籍並沒有取銷；此度重返家鄉，「南社」的新舊諸友莫不欣喜異常。他們特別為雅堂而舉辦了一次公宴以為接風，地點是在臺南的名勝「固園」，時間是在初春，因得兼以嬉春。這次的聚會十分別開生面，大家事先約定，凡參加者每個人都得喬裝前來。

臺南的初春，不冷不熱，氣候正宜人。那天出席者共有三十二人，果然個個人都在家費盡心血把自己打扮了一番：有化裝成唐三藏者；有穿西洋婦女的長裙，頭戴花帽，手執洋傘者，有一副英國軍裝，外加一支步兵槍者；有高帽燕尾服裝扮者，更有戴濃鬚，裹頭巾，裝成印度人者……花樣百出，應有盡有。每一個會員的來臨，都令人捧腹不止。雅堂是最後一個到場的人。

至於他喬裝得如何？他把平日中分的頭髮刻意抹上濃濃的髮蠟，垂覆前額，以仿新式婦女髮型。身上那件紫紅色鑲花邊的上衣，是向長女夏甸臨時借用的，由於他身材高瘦，所以能夠勉強扣得上一個十八歲的女裝衣紐，可是，應該齊膝的衣襬，卻只能蓋住臀部，而下穿的則是自己的一條黑色西裝褲，再下面是一雙大腳著革履。他這一身打扮，上身是女裝，下身是男裝，且亦中亦西，可謂不倫不類，博得全場人爆笑。

這一天眾人在「固園」吟詩賦文，把臂暢談，忘懷俗塵瑣務，天真浪漫，十分盡興。並請來了攝影師，合影留念，題曰「南社嬉春圖」（圖見第一八九頁）。雅堂自己寫了一首詩作紀念，題為〈題南社嬉春圖〉：

大道有端倪，真人得其竅。鑿破混沌心，各擅明生玅。娥娥南社徙，嬉春姿奇緲。
變化若有神，一一盡窮肖。而我獨好奇，化作美人妙。羅裙六幅裁，拈花睇微笑。
以此不壞身，幻為天花繞。吁嗟造物心，眾生亦微藐。虫臂與鼠肝，隨形赴所召。
斷鶴而續鳬，其名為詭弔。吁嗟南社徒，游戲亦夭矯。紛紛濁世中，面目誰能曉？
盜跖而孔丘，衣冠虛其表。臧獲即侯王，貴賤本同調。況值春光和，萬物各震曜。
寫此春人圖，收作春詩料。我亦圖中人，題圖發大笑。

然而，不幸的事情在這一年發生了。

連雅堂的母親劉妙娘因體弱多病，終於五月二十三日去世。享年六十八。雅堂是妙娘的幼子，也是她最疼愛的兒子。自從十八歲喪父以來，二十年間，他克盡人子的孝道。然而，生離死別本是人生常事，命運大限也無法改變；而今，雅堂心中有一些遺憾，那便是在老母在世的最後兩三年裡，自己離家遠遊，未能朝夕伺候在側；所幸自己奉得母命便及時趕回來，尚能親自扶持病榻邊，這一點倒是聊可告慰的了。於是，在悲哀之中，辦理喪事，讓母親附葬於父親的墓旁。三十八歲的連雅堂，失去了雙親，天地茫茫，舉目無親，他成為一個孤兒；不過，肉體之軀終有衰滅的一日，如何使孝心永不滅亡呢？古代有「哀毀骨立」的孝子，但這是消極的孝道，積極的孝道應該是《孝經》所說：「揚名榮親」，為報答雙親養育之恩，莫如專心撰著，以揚名榮親。雅堂有此信心。他強抑悲痛，以此自勉。

這一年，真是禍不單行。十月初，雅堂的好友臺中「櫟社」的領導人物林朝崧亦因病去世，年僅四十一。他們二人交往的時間雖不短，卻自三年前雅堂赴大陸遊歷以後即未謀面。去冬返臺時，雅堂自臺北南下，又因歸心似箭而沒有在臺中下車。誰料得到不幸的消息來得這樣突然，而三年前一別，竟成天人永訣。

在喪禮上，雅堂會見了同樣闊別三年的臺中文友賴紹堯。握手道故，悲歡交集。不知是哭亡友的淚眼朦朧，還是時光無情，竟覺得三年不見，紹堯已鬢髮蒼然，形神憔悴了。

老母故去，又失好友，雅堂在短期內連續受這兩大打擊，心中委實悲苦。何以忘憂？然而他決不是一個消極頹廢的人。忘憂？忘憂的方法唯有一途——工作。工作使人精神集中，工作使人無暇旁顧；於是，他更加發憤著述。

中華民國已經建立，而自己也暢遊過大陸；這方面，雅堂覺得十分安慰，然而，另一件使他耿耿於懷的《臺灣通史》卻仍未完成。他常常對筱雲說：「我生平有兩大願望，其中的一個已經完成，現在只剩通史還沒有寫完；我如何對得起臺灣呢？」於是，處理報務之餘，他把大部分的時間用於《臺灣通史》的寫作，每天工作到深夜。

那一陣子除了寫通史之外，雅堂便在有限的時間裡教長女夏甸許多古文，那時夏甸已經十八歲。她原在臺北就讀於高等女子學校，一年前因病返家養痾，身體已逐漸康復中；可是她的母親因為剛失去次女春臺，所以捨不得再讓夏甸遠離身邊，便讓她在家待著。遊旅大陸三年的時間裡，筱雲侍奉婆婆，又教養孩子們，正如詩所云：「賴君為母兼為父，晝課男兒夜女兒。」雅堂回想起來，心中對妻子充滿感激，也對兒女感到內疚。他最疼愛這個酷似筱雲的長女，而他的思想是十分開明前進主張男女平等的，所以居家時，常親自課授中國古詩文。他先教夏甸背《詩經》，接著又講解《昭明文選》和《左傳》、《史記》類的散文和史筆。雅堂曾跟這個女兒說：「阿女呀」——這是他對夏甸的暱稱，「你要好好念書。阿爸要把你訓練成臺灣第一個女性記者。」這話他是當真的，因為這時候兒子震東只十二歲，還太小，看不出將來的性向如何；而夏甸已經十八歲，她美麗能幹，又喜讀詩文，雅堂頗有意在自己的長女身上看到男女平等的思想實現。夏甸也最敬愛父親，他們父女的感情十分親密融洽。當時日本人已在臺灣推行日式教育，公眾場合說日語，學校更是當然沒有機會說臺語讀漢文了。所以在家中養病的夏甸，由父親教授中國的詩文，時時又講解歷史故實，反而豐富了她知識的範圍，比起同儕女學生更多了一層紮實的國學根底，令她日後受用不盡。

雖然連雅堂在公務方面忙於《臺南新報》，私人的工作又以著述《臺灣通史》為第一要事，可是知道他學識的人，卻希望讓他的才學做多一份的貢獻；許多地方人士希望雅堂於百忙之中抽出一些時間辦教育。於是，他在西區街長役場覓得一個地方，創辦了小規模的夜校。一星期授課兩次或三次——視工作繁簡而定。課目內容包括：國文、中國史、西洋史、以及中外歷史的比較，而由於他正從事《臺灣通史》的寫作，所以心血來潮時，有時亦以延平郡王事跡為專題演講的主題。學生有二、三十人，其中包括一些親朋弟子，如張振樑、王開運、蔡朝聘、黃榮椿、許祿、黃溪泉等，他講學的態度是極為認真的。

於文學，雅堂特別重視《詩經》、《楚辭》，這古典文學的二大源流，以及於《昭明文選》，唐、宋詩文。他從歷代文學之中選其精華，仔細講解，並指導學生欣賞及批評寫作的正確途徑。於史學，他不僅注重辨實客觀的態度，更提倡正義凜然的民族精神。由於他博聞強記，所涉獵的中外史籍極多，所以講述的內容十分生動豐富，時時引古證今，融匯中西，使聽者印象深刻難忘；而他自己也興趣甚濃，往往不知不覺講授的時間超過所規定的時間。

對於後輩新秀的獎掖，連雅堂不遺餘力。這一年，「南社」的一些年輕少壯社友別樹一幟，另外創立了「春鶯吟社」。雅堂對於他們這一個舉動非但沒有門戶派系之嫌，反而以自己任報務之便，經常鼓勵他們將作品在《臺灣新報》上發表，使他們增加信心。因為他相信民族精神、文學命脈是需要如長江後浪推前浪，一代一代相銜接，也期望一代比一代更進步；然則以先輩的身分地位，對於這些年輕人助以一臂之力，正是理所當然之事。

忙碌，是為了克制亡母喪友的悲痛，然而忙碌的工作也使生活更加充實起來。而且，奇怪的是，他的身體竟然並不因報務繁忙，熬夜著史或授課而影響健康。雖然生死大限之無奈無時不縈繞腦際，逐漸實現個人理想抱負的生活，倒是令人滿意的。為調劑繁忙的工作，為著暫緩緊張的情緒，他偶爾也出外走動。

這一天，他忽然心血來潮，想去叩訪故居——寧南坊馬兵營。

二十年了。馬兵營為日軍的鐵蹄強行奪去，已整整二十年。這一長段光陰，足夠使一個孩童變成為成人，青年步入中年，中年人進入老年。從前如詩如畫的生活早已無從尋覓，全體族人再也無法齊聚一堂，那些雕欄畫棟，奇花異草，全被夷為平地，那永逝不回的少年時光啊！那親族共享的歡樂溫馨啊！都像一陣風過，煙消雲散了。民國雖建，但臺灣尚未光復，站在這片似曾相識的土地上，連雅堂的心愴痛不已。往事如夢，無限的心酸使他悲愴地寫下一字一淚的七絕——〈過故居有感〉：

海上燕雲涕淚多，劫灰零亂感如何？馬兵營外蕭蕭柳，夢雨斜陽不忍過！

詩是凝練的文字，抒發之不足，他又撰寫一篇散文的〈過故居記〉：

寧南坊之內有馬兵營者，鄭氏駐師之地也。附城而居，境絕幽静。自我始祖即處於是，及余已七世矣。宅十畝有奇，植竹為籬，南無之果數十章，皆大合抱，高或四、五十尺。夏時結實纍纍如絳珠；或碧若玉，味甘而冽，稱佳果。菩提、龍眼之樹稱是。皆我先大父所植者。宅外有道。夏秋間山水驟漲，自城隅來，當門而流；至八、九月始涸。鯉鯽之屬逐隊游泳，旦夕掬之以為樂。宅面西立。以人眾稍隘。余十二歲，我先君擴而大之，可居二十餘人。又買近旁吳氏園，為余兄弟讀書。吳園有宜秋山館，雪堂司馬所建，而謝琯樵曾寓其中者也。館外有亭，繞以欄，旁鑿塘，種荷其中。花時清香入戶，讀書其間，饒有悠遠之致。吾家固多花卉。抹麗盛時，每日可採一籃以餉親友。而余又愛花，庭隅路畔，幾無隙地。蘭蕙之屬以十數，晚香玉以百數。臺南天氣溫燠，每當十月之交，蘭、菊、桃、荷合供一瓶，亦奇觀也。

我先君經商數十年，自是多家居。夕陽西下，樹影扶疏，輒掃落葉瀹水煎茶，坐石上談家常事。吾家之井水絕甘，汲者投一錢，日可得百數十文。先君好讀春秋、戰國書及三國演義，所言多古忠義事，故余得之家教者甚大。其時我二兄已入泮。士大夫之來我家者，必竭誠款待。春雨之後，新筍怒生，劚而燒之，用以饗客，食者靡不稱美。或果實成熟時，猱樹而摘之以餉客，客無不果腹者。余時稺雖少，顧讀書養花之外，不知有所謂憂患者。熙熙皞皞，凡五、六年，而余戾至矣。乙未六月二十有四日，先君見背。是時戎馬倥傯，既卜窀穸，而劉永福遁吾家，遂為軍隊所處。未幾，又為法院所賣，改築宿舍，而余亦僑居城西矣。閱今僅二十年，而一過故墟，井湮木刊，尚認釣游之處。追思少年時樂，何可多得！

面對著日人所毀壞的故居舊址，連雅堂想起了自己的年少時代，自己的家人和此生難忘的寧靜生活。花木草地人物事跡猶昨日今日似的鮮明生動，但馬兵營已非連氏宅第，甚至兵馬倥傯，劉永福的軍隊駐遁的痕跡都不見了；眼前是日人強購而改築的法院宿舍。

時間轉移著，地理空間難免有變化。處身其中的人或有今昔的感觸，但後代的人；後代的後代，怎能夠記憶這一些，知道這一些？除非有文字記述，保留事實？

連雅堂從個人的經驗和體悟，愈發堅定了著史的使命。這是自己肩負的使命。不，不是只為了一己，是為同胞，為全臺灣人所負責的重要事情！

日本人占領臺灣後，有許多古老的歷史遺蹟都在其所謂「開化」、「現代化」的藉口之下被毀壞了，實則，其背後是更隱藏著惡毒用意的；他們想要一一泯滅古蹟，逐漸剷除臺灣同胞的民族意識。這一點，連雅堂看得很清楚。馬兵營故居之被收購是在十八、十九年前，那時候他只是一個及冠的青年，衷心雖然悲痛憤怒，卻無力反抗；可是，在以後的日子裡，他維護古蹟，不遺餘力。例如在二十六歲那年，便曾經發動鄉人力修「五妃廟」（此事前文已述及）。如今，日本政府又以擴建臺南第一公學校為理由，要夷毀法華寺北面的閒散石虎之墓。雅堂認為石虎雖然不知其為何許人？卻是明朝遺民，當年延平郡王獨申大義於天下，開闢東都以存明朔，一時忠憤之士有八百餘人奉冠裳而渡鹿耳，其中大部分人已因史文零落而無由聞知；雖然如此，他們凜然的民族精神足供後世之人永懷不絕。這樣的歷史遺蹟，紀念修護之唯恐不及，如何可以任意毀壞！他從一個泥水匠口中獲知此消息後，連忙與友人張振樑乘人力車趕往探視，並且請於官；然而日人既有興建學校亦造福人群的冠冕堂皇藉口，遂力爭無由，只得採取折衷辦法；將墓移於法華寺的後園「夢蝶園」中。他為這件事情，寫了一篇〈祭閒散石虎文〉，又寫了一首詩並自為注腳，題為〈法華寺畔有閒散石虎之基，余以為明之遺民也；將遭毀掘，乃為移葬夢蝶園中。為文祭之，復繫一詩〉：

草長鵑啼事渺茫，殘山剩水更悲傷。
姓名未入遺民傳，碑碣空留古寺旁。
夢蝶客歸園月冷，騎鯨人去海波荒。
南無樹下優曇畔，寸土猶能發異香。（園中有南無十數株，又優缽曇花，則葬於此）

日本人愈是存心毀滅臺灣史蹟文化，連雅堂愈是挺身保護。他著《臺灣通史》便是基於這個立場原則。而且日本人正普遍而大規模地推行日語，名為「國語運動」。雅堂便覺悟須得極力維護漢文、臺語於不墜。於是，他利用報務、著史之餘暇，瀏覽群籍，以考臺語之源，編纂《臺語辭源》。推敲文字、引證古今書籍；風俗習慣，每有所得，拍案自喜，亦頗能自得其樂。

而這些零星的心得與記述，也就在這一年之中彙輯成為《臺灣贅譚》，於七月出版。在自序中，有下面幾句話：

……橫海隅之士也，投身五濁，獨抱孤芳，以硯為田，因書是穫，自維著述，追撫前塵，爰摭舊聞，網羅遺佚，吮毫伸紙。積月成編，徵信徵疑，盡關臺事，命名稗史，竊附九流。夫虞初為志，足輔詩書；小說所陳，亦資觀感；然而蒙叟削簡，十九寓言，齊贅絕纓，二三隱語；鵂鶹偃鼠之喻，豚蹄於盂酒之譏，觸緒引伸，憑空結撰，縱橫以來，其風靡矣。臺灣為南服之國，島是田橫，人呼蒼葛，顧文運雖開，而書缺有間；是以稗海之游、東槎之錄、瀛壖之詠；赤嵌之談，事類鑿空，語多浮蕩，君子恥焉。橫既撰臺灣通史，又以其餘力，著述此書，攬古之心，悠然遠矣……

寥寥數語，道盡心志，可以看到一介書生為保存家鄉文化所做的努力。同鄉故友黃清淵在覽閱此書後，曾提出意見及資料補充，並且虔誠地頌讚道：「謂吉金貞石皆宜保存，誠為名言。」其實，雅堂所注意的也不僅止於古蹟金石而已，在個人的著史寫作以外，他更旁及於臺灣的地理、山川、人物、風俗、人情以及政治革新，文化遞嬗，乃至於異族統治壓迫下慨慷悲歌的諸吟詠。他把這些資料蒐羅而旁徵博引，便又輯成了《臺灣詩乘》。下面引述一些雅堂自己的文字，以見其編纂詩乘的用心良苦：

余閱邑志所載臺人著作，有陳鵬南《淑齋詩文集》四卷、張從政《剛齋集》二卷……大都有目無書。唯《府志》有陳斗南之詩數首，餘皆不見。蓋以臺灣剛剞劂尚少，印書頗難。而前人著作，又未敢輕率付梓，藏之家中，以俟後人；子孫而賢，則知寶貴，傳之藝苑，否則徒供蠹食，甚者付之一炬。以吾所見，固不繫其家之貧富也……然後知著書非難。故余不得不竭力搜求，以保遺芳於未墜也。

臺灣三百年間，能詩之士先後蔚起，而稿多失傳，則以僻處重洋，剞劂未便，采詩者復多遺佚，故余不得不急為搜羅，以存文獻。詩曰：「惟桑與梓，必恭敬止。」況於耆舊之文采，而可任之湮滅乎？

余撰詩乘，搜羅頗苦，凡鄉人士之詩，無不悉心訪求；即至一章一句，亦為收拾，固不以瑕瑜而棄也。志乘彫零，文獻莫考，緬懷先輩，賸此遺芳，錄而存之，以昭來許，差勝於空山埋沒也。

暢遊大陸返臺後的三年裡，連雅堂先後發表刊行了《大陸遊記》、《大陸詩草》、《臺灣贅譚》；而《臺灣詩乘》也在積極編輯著，但是，這一切的成就都不如《臺灣通史》的完稿震撼人心，也令他自己欣慰。

民國七年（一九一八）八月一日，連雅堂在劍花室為他的不朽巨著《臺灣通史》撰寫自序：

臺灣固無史也。荷人啟之，鄭氏作之，清代營之，開物成務，以立我丕基，至於今三百有餘年矣。而舊志誤謬，文采不彰，其所記載，僅隸有清一朝；荷人、鄭氏之事闕而弗錄，竟以島夷、海寇視之。烏乎！此非舊史氏之罪歟？且府志重修於乾隆二十九年，臺、鳳、彰、淡諸志雖有續修，侷促一隅，無關全局，而書又已舊。苟欲以二、三陳編，而知臺灣大勢，是猶以管窺天，以蠡測海，其被囿也亦巨矣。

夫臺灣固海上之荒島爾，篳路藍縷，以啟山林，至於今是賴。顧自海通以來，西力東漸，運會之趨，莫可阻遏。於是而有英人之役，有美船之役，有法軍之役；外交兵禍，相逼而來，而舊志不及載也。草澤群雄，後先崛起，朱、林以下，輒啟兵戎，喋血山河，藉言恢復，而舊志亦不備載也。續以建省之議，開山撫番，析疆增吏，正經界、籌軍防、興土宜、勵教育，綱舉目張，百事俱作，而臺灣氣象一新矣。夫史者，民族之精神，而人群之龜鑑也。代之興衰、俗之文野、政之得失、物之盈虛，均於是乎在。故凡文化之國，未有不重其史者也。古人有言：「國可滅，而史不可滅。」是以郢書、燕說猶存其名，晉乘、楚杌語多可採。然則臺灣無史，豈非臺人之痛歟？

顧修史固難，修臺之史更難，以今日修之尤難。何也？斷簡殘編，蒐羅匪易；郭公夏五，疑信相參，則徵文難；老成凋謝，莫可諮詢；巷議街譚，事多不實，則考獻難。重以改隸之際，兵馬倥傯，檔案俱失，私家收拾，半付祝融，則欲取金匱石室之書，以成風雨名山之業，而有所不可。然及今為之，尚非甚難，若再經十年、二十年而後修之，則真有難為者。是臺灣三百年來之史，將無以昭示後人，又豈非今日我輩之罪乎？

橫不敏，昭告神明，發誓述作，兢兢業業，莫敢自遑，遂以十稔之間，撰成臺灣通史，為紀四、志二十四、傳六十，凡八十有八篇，表圖附焉。起自隋代，終於割讓，縱橫上下，鉅細靡遺，而臺灣文獻於是乎在。

洪維我祖宗渡大海，入荒陬，以拓殖斯土，為子孫萬年之業者，其功偉矣。追懷先德，眷顧前途，若涉深淵，彌自儆惕。烏乎念哉！凡我多士及我友朋，惟仁惟孝，義勇奉公，以發揚種性，此則不佞之幟也。婆娑之洋，美麗之島，我先王先民之景命，實式憑之！

大正七年秋八月朔日，臺南連橫雅堂自序於劍花室。

這一年是中華民國七年，但當時臺灣割讓與日本已經二十三年，公開的紀元都採用日制，所以雅堂這一篇序文也不得不採日本的紀元「大正七年」了。「劍花」是雅堂的字號之一（武公、雅堂、雅棠、劍花，都是他自取的字號。至於他的妻子名為沈璈，字少雲，雅堂又為她取筱雲、筱澐等號）。「劍花室」則指他臺中的住所「瑞軒」（瑞軒為臺中霧峰人林瑞騰之居所）。

這一年，連雅堂四十一歲，回顧他著史的動機，肇始於少年時代，而認真下決心動筆，則在三十一歲之時。那時他一面在臺中主持「臺灣新聞社」漢文部，一面奮力為發揚民族精神，維護大漢民族的優秀傳統，開始了這個艱鉅而規模宏大的工作。十年來的獨立慘淡經營，個中甘苦，不是筆墨所能形容的；然而，有志者事竟成，他終於完成了任務。

《臺灣通史》全書分三十六卷，近四十萬字。起自隋朝大業元年（六〇五），迄清代光緒二十一年（一八九五）臺灣淪陷於日本的史事，凡一二九〇年，這本書的撰寫方式略仿漢代司馬遷《史記》龍門筆法，分紀四、志二十四、傳六十、表一〇一、列於各志之中，附圖十四，編印在凡例之後。

雖然《臺灣通史》在著述的形式上與漢代司馬遷所撰之《史記》類似，而雅堂自己在書前的「凡例」裡也提到：「此書略倣龍門之法」，但二書於同中卻有分別。《史記》的內容起自黃帝，訖於作者所處的漢武帝時代。《臺灣通史》則始於中國的隋代，終於中國的清代。尤其是時限設在光緒二十一年，所表現的是什麼？那一年，正是雅堂十八歲，是國仇家恨，永不能忘記的一年。乙未那一年的四月十七日，清廷與日本簽訂割臺之「馬關條約」。被清廷遺棄的臺灣人民成立「臺灣民主國」，試圖抗議自救，終因雙方兵力懸殊不敵，而節節敗退南下。雅堂的父親連得政憂思成疾，一夕而亡故。一八九五乙未那年是中國的清光緒二十一年，然而，改隸為日本殖民地的臺灣，卻正將改紀元為日本明治二十八年。把前無古的臺灣歷史之記述終止於改隸為日本屬地稱日本紀元之前，這豈非是連雅堂不屈服於異族統治表示愛國保種的良苦用心嗎？

再者，《臺灣通史》的第一部分為紀：卷一開闢紀（起隋大業元年，終於明永曆十五年）、卷二建國紀（起明永曆十五年，終於三十七年）、卷三經營紀（起於康熙二十二年，終於光緒二十年）、卷四過渡紀（起光緒二十一年終於是年九月。此篇原名獨立，嗣以字義未妥，故易之）。通過此四個中國各代的紀元，連雅堂記述了海上之荒島臺灣，與中國發生關聯；復經荷蘭人之入侵；鄭成功三世三十八年維繫明朝在此；而全書以光緒二十一年終止，表現了作者強烈的民族精神，以中國為中心的態度。其實，卷四原名為「獨立紀」，後因受日本官方的反對，才改為「過渡紀」。至於通史的最後一篇，卷三十六，列傳第八，為記載臺灣抗日的英雄志士之傳記，所以內容與篇名「獨立」是相為呼應的。

記載事實的現象，以及其前因、後果，固然是史書的重要目的，但歷史因人而產生，所以司馬遷重視人的傳記；而且，參與歷史的人物，也未必全都是身分高貴的人。儘管在編寫的時候有「本紀」、「世家」、「列傳」以別其地位，但太史公心中自有一把尺度，此其所以把項羽列入「本紀」，而刺客、滑稽皆可以入傳的道理。太史公書的另一個特色為，記人的傳記之後，每有「太史公曰：云云」，以為論述表贊。連雅堂推崇司馬遷史筆，他的通史於記述文字之後，也每每有「連橫曰：云云」，以為評論。例如卷三、卷十三〈劉銘傳列傳〉文後：

連橫曰：臺灣三百年間，吏才不少，而能立長治之策者，厥維兩人。曰陳參軍永華，曰劉巡撫銘傳。是皆有大勳勞於國家者也。永華以王佐之才，當艱危之高，其行事若諸葛武侯；而銘傳則管商之流亞也。顧不獲成其志，中道以去。此則臺人之不幸，然溯其功業，足與臺灣不朽矣！

前人作史，多詳於禮、樂、兵、刑等官方事項，而缺乏記述民生之豐富，民德之隆污。連雅堂認為「國以民為本，無民何以立國？」所以書中各志，鄉治以下，尤多有民事之記述。至於臺灣的地名，多出自原住民的語言，例如「宜蘭」在沒有列入版圖以前，依原住民的發音，稱做「噶瑪蘭」，所以雅堂在記述前時事物，都稱「噶瑪蘭」；待入版圖後始書為「宜蘭」。雖然，他與當時及其後絕大多數的漢人一樣，持漢民族中心的看法，行文中每稱原住民為「土番」，但是對於歷史事實的記載敘述方面，毋寧是持客觀態度，而於原住民的語言系統也是十分尊重的。

《臺灣通史》的完成，在連雅堂慘淡經營之下，費時十年。於「凡例」的最後，他表明了自己的撰著原則：

> 作史須有三長，棄取詳略，尤貴得宜。臺灣前既無史，後之作者又未可知。故此書寧詳毋略，寧取毋棄。

身為第一位臺灣歷史的撰著者，這些話是多麼的語重心長。在這方面的貢獻，雅堂真正可稱做「篳路藍縷，以啟山林」。當時臺灣淪陷於日本已經二十餘年，雖然民國建立，新景象可指望，但鄉土光復之期尚未可預知。連雅堂所憂慮者，倘中國人自己不撰修臺灣的歷史，而此工作竟落入日本人手中，則是非曲直之尺度不可逆料，子孫後代將永遠無法得知歷史真相了。當年十三歲的少年曾發願於心，誓為臺灣述作史書；經歷乙未的國仇家恨，而其志彌堅。《臺灣通史》的撰修，對於連雅堂言之，實為出於一種個人的使命感，也是多少年以來自認天職的大事業。

漢代司馬遷得其父司馬談臨終囑咐著史，終修成《史記》。連雅堂少時受父親連得政贈以《續修臺灣府志》，因萌著述《臺灣通史》之志。古今二人寫作的動機態度，極為近似。實際上，司馬遷也是雅堂心目中最為敬佩的典範楷模。他閱覽石室金匱群書，遍訪地理古蹟幽微，是以行動追隨太史公的做為。至於其史筆風格之相接，更非偶然。連雅堂自己承認續接了司馬遷的著史精神，所以他在自題卷末的第三首有句：「馬遷而後失宗風」，表明自己就是司馬遷宗風的繼承者。至於第一首中的「三百年來無此作」，或予人自信、自負之感；但是大凡完成長期大工作的人，難免多少都會有這種釋然滿足的感覺。雅堂於寫完通史的最後一個字，放下筆墨後，坦白而天真的寫出了他的心情。遙隔兩千年的時光，或許放下《史記》的史筆，司馬遷也曾經有過如此釋然滿足又自信自負的心情的吧。

不過，在脫稿後，他仍恐有所不詳備，所以分赴各地以請教於諸有道。他曾經說過：「夫通史告完成，雖為雅棠不朽之事功，然固臺灣之史也；為臺灣之史，則非一人之私言，而為臺灣之公言也，盛衰興亡，盈虛消長，於是乎繫。夫史者民族之所憑依也，臺灣布政以來，幾三百載，舊志發刊，亦有數種，而多不知史義，紊亂無倫，如府志者且多誤謬。故雅棠不揣其力，孜孜矻矻，誓告神明，以單揚民志，而又詢之耆艾，訪之遺文，以告無罪於國人焉。」

九月十六日，日人《臺灣日日新報》主筆尾崎秀真為《臺灣通史》撰序，有文：

連子讀萬卷書，行萬里路，鎔鑄經史，貫穿古今。其史眼即禪家最上乘正法眼也。憤臺灣史乘未備，世方熙熙攘攘，競競逐逐於利，此獨超然物外，閉戶著書，前無古人，後無來者，非肩自銳任者曷克臻此！臺灣史料當以撫墾拓殖最為偉觀，而前賢之篳路藍縷，往往見遺小儒，湮沒不彰；連子獨搜羅剔刮，廓而明之；或摭採父老口碑，或徵於北京史館，綱舉目張，探討極富，故能蔚然成為臺灣通史。雖曰人事，豈非天之誕降其奇，使完茲編纂使命哉。連子非官也，一介之史家也！

另外一位《臺南新報》的日籍主筆西崎順太郎也為此書撰序說：

余客臺灣，閱今四載，常蒐本島攸關史書，以裨補寡聞；而其書悉為鄭氏以後之政治史，書名雖異，其所記載大略相同。總督府置史官，正史之外，多集資料研究考察，雖得便宜，而未見有通史以一貫之，是欲究其全史，能無隔靴搔癢之感乎！畏友連君雅堂，臺南文壇之翹楚也，文章雄健，學問該博，讀破萬卷之書，議論天下大勢，其所以啟發島民者，固為不尠；而史學尤極蘊奧，足備一家之見。頃著臺灣通史，將以上梓。余見其全書凡三十有六卷，起開闢紀、次建國、經營、職官、戶役、田賦以及商務、工藝、風俗，事關史實，悉纂錄之；殊如虞衡一篇，網羅本島所關博物之資料，史實以外，更俾大益。識見之該博，考察之周詳，誠堪敬服！此書刊行，不特足資本島之文明，更足以貢獻帝國學界者為不少。著者之勞，有足多焉，故為之序。

從這兩篇序文，足可想像日本有識之士對《臺灣通史》其書之重視，以及對連雅堂其人欽佩的情形了。

十年來四處奔走，蒐羅資料，旦夕握管，嘔心瀝血，於今終於完稿；平生二大志，一願民國建立，二願著史成功，現在兩者均告完成，內心自是無限欣喜，同時也頓覺肩頭的重擔盡除，更是輕鬆無比。這是臺灣史學界的一大盛事，也是連雅堂個人的不朽盛事，而他的家族也與有容焉，所以也是他們全家人最值得紀念的時刻。民國三十三年，吳興陳其采曾為《臺灣詩乘》題詞，有七絕四首，其中第二首如左：

難得知書有細君，十年相伴助文情。從來修史無茲福，半臂虛誇宋子京。

可謂慧眼獨識，觀察最細，能見到他人所未見。一切榮耀屬於連雅堂，但是誰注意到在一位偉大的史學家旁邊站著的竟是位嬌小端莊而堅毅無比的婦人呢？二十年來，她與雅堂共甘苦；或風塵僕僕於臺中、臺南兩地；或獨留家鄉，上伺老母、下育兒女，始終沒有一句怨言。如果沒有這位賢妻靜默的贊助與不斷的慰勉，也許連雅堂著述的工作就不會進行得如此順利和迅速。成功的男人身邊常常有一位偉大的女性，沈筱雲便是連雅堂身邊的這樣一位女性。

《臺灣通史》完稿了。對於外界，這是一個文壇史界的壯舉，然而對連雅堂和他的家人而言，這毋寧是一個全家人同心協力共同奮鬥的結果。

民國八年（一九一九），連雅堂四十二歲，筱雲四十六歲，夫婦倆都已步入中年；他們的獨子震東也已經十五歲，畢業於臺南第二公學校。對於這個獨生的兒子，雅堂和筱雲都沒有溺愛，而十五歲的少年連震東也頗知自尊自愛，是一個溫順有禮而勤勉好學的男孩子。隨著年齡的增長，他的外貌愈形酷似父親。身材高瘦，眉目清秀，尤其那挺直的鼻梁和薄薄的嘴唇，更是像極了年輕時候的雅堂，戴著一副近視眼鏡，則是父親的遺傳，也是用功過度的結果。對於求知慾旺盛的這個男孩子，雅堂決心把他送到日本去深造。經過仔細的研究比較以後，選擇了東京的慶應大學。這是一所私立大學，與早稻田大學齊名，為日本數一數二的著名學校。

恰巧這一年，林熊徵聘請連雅堂到臺北來為計畫中的華南銀行共同籌畫。林熊徵是華南銀行的發起人，經營龐大的事業，這個銀行當時與南洋華僑有密切的聯繫，當時正需要一個能充分瞭解華僑社會情形而又精於文筆的人才，來處理華僑股東一切往返的事情，連雅堂自然是一位上乘的人選；而在雅堂方面來說，則由於十年著史的工作已完畢，暫時得鬆一口氣，並可變換一下生活環境，所以便欣然答應下來。

春天，舉家遷移於臺北大稻埕（即今延平北路一帶）。不久，連震東在雙親的殷殷叮嚀之下，從基隆買舟，隻身負笈東瀛。為了兒子的遠大前途，雅堂夫婦讓十五歲的少年獨自去一個陌生的地方求學。筱雲的心裡尤其難過，但是她明白人生有許多別離是難免除的，為了來日更好的重逢團聚，她忍淚送別了愛子。就像七年前送走心愛的丈夫一樣，她不願意讓震東因看到自己的眼淚而增加別離的沉痛，沒有到碼頭去送行。她堅定相信，這一走，再見面時，孩子必將更形堅強，愈為成熟；為此，她願意忍受暫別愛子的苦悶。

他們用三千元向許丙購得一個面向大屯山的房子，天晴時，從二樓的書房可以清清楚楚地看到青蔥的山巒。於是，雅堂把這個書房取名「大遯山房」。以雅堂的學識及名望，地方人士，甚至於日本政府方面，幾度有人出面，想禮聘他出來做官，然而他全然無意於官，以硯為田，以文為穫，他自比於古之隱者，也曾半開玩笑地對家人和親朋說過：「可別讓我兒子做少爺，要將來讓他尊我為老爺才是！」

這一段時間，連雅堂的生活最為愉快，因為著史的大業已完成，他覺得海闊天空，無比逍遙。筱雲從來沒有住過臺北，於是他常常自任嚮導，陪伴妻子暢遊臺北近郊的許多名勝。在所遊歷的各地之中，筱雲特別喜歡圓山的山水嶔奇。這位富賈家庭出身的婦人，婚後雖然過的一直是多變的生活，但並沒有減去她的天真，她指著當地，對雅堂興致勃勃地說：「這個地方很好，我很喜歡。將來我們在這裡蓋一棟別墅好不好？」雅堂的興致也被她引起來。他們兩個人的想像馳騁於蔚藍的天空之下，有說不盡的美夢，有無比的溫暖充塞在心頭。「那麼，將來房子蓋好了，該取個什麼樣的名字呢？」筱雲偏著頭想了一下：「就叫做『棠雲閣』好了——雅棠的『棠』，筱雲的『雲』呀。」她的肌膚細白豐潤，頭髮依然烏黑光亮，雙目仍舊深邃而傳神。四十六歲的婦人了，成熟而饒有韻致，卻絲毫沒有一點衰老的樣子。是怎麼樣的一個女人啊！雅堂覺得眼前這個婦人，就像二十餘年前新婚的時候那麼嫻雅美麗。為著紀念這一天，為著紀念這一刻的情趣，當晚他一口氣寫下十二首七絕〈圓山雜詩〉，其中第一、第九、和第十首如下：

作史評詩且得閒，春光催我上圓山。
幾人領略遊山意，看到精微窈窕間。

卿能讀畫我能歌，絕代佳人愛薜蘿。
持較孤山梅鶴侶，人間清福汝儂多。

此間福地亦鄉嬛，著得無愁便是仙。
他日棠雲添一閣，圓山山上夢同圓。（內人擬於此處築一別墅棠雲閣，為余與內人同棲之室）

遊罷圓山、劍潭、淡水、碧潭等山水佳景，又與筱雲相偕去觀賞當時臺北最著名的京戲中心「永樂座」。年少時，曾與一群文壇好友流連此處，得結識名伶王夢癡，而今此身已入中年，與共患難的妻子重臨舊地，真個令人感嘆人生若夢。吉林一別後，王香禪與雅堂也時而還有詩箋往來，但是天南地北人漸老，一切的往事都化為了誠摯的友誼。這一點，身邊的筱雲也是知悉的，她也始終不以為忤，沒有表示過什麼意見。

其實，多半的時候，雅堂和筱雲什麼地方都不去，只守在那一棟看得見大屯山的房子裡，丈夫讀書寫作，妻子縫紉刺繡；有時相對默默抽水菸，有時品茗話家常。生活看似平淡，卻和平溫暖，這種中年人的心境，最可見於下面兩首詩：

物外蟲蟲別有天，著書還恨少華年。人間蝶夢誰長短？世上蝸爭劇變遷。

抗士劫灰秦已冷，迎賓臘酒漢猶延。他時尸祝吾何敢，畏壘窮居即是仙。〈著書〉

人生哀樂尋常事，其奈光陰昔昔過。忙裡著書聊習靜，有時對酒亦狂歌。

庭花爛熳秋容好，山影低徊畫意多。便與荊妻相瀹茗，起看新月漾簾波。〈居家〉

其實，說好酒，倒不如說雅堂是喜好酒酣之後，真情流露，好友相聚暢談古今的情調。至於對茶道，他是深得個中三昧的，不僅懂得品茗，更博通古今各地茶葉品種的優劣。他說：「新茶清而無骨，舊茶濃而少芬，必新舊合拌，色味得宜，嗅之而香，啜之而甘，雖歷數時，芳留齒頰，方為上品。」又說：「茶之芳者，出於自然，薰之以花，便失本色。北京為士宦薈萃地，飲饌之精，為世所重，而不知品茶。茶之佳者，且點以玫瑰、茉莉，非知味也。」至於飲茶用的茶壺，他也批評道：「壺之佳者，供春第一。周靜瀾壹陽百詠云：『塞榕垂蔭日初晴，自瀉供春蟹眼生。疑是閉門風雨候，竹梢露重瓦溝鳴。』——臺灣人品茗皆自煮，必先以手嗅其香。最重供春小壺。供春者，吳頤山婢名，善製宜興茶壺者也。或作龔春，誤。一具用之數十年，則值金一笏。」杯子又以何者為勝呢？「杯忌染彩，又厭油膩。染彩則茶色不鮮，油膩則茶味盡失，故必用白瓷。瀹時先以熱湯洗之，一瀹一洗，絕無纖穢、方得其趣。」連洌茶的水也要考究：「煮茗之水，山泉最佳，臺灣到處俱有。聞淡水之泉，世界第三。一在德國，一在瑞士，而一在此。」所以他真正喜好的還是茶，不是酒，那種「寒夜客來茶當酒」的身心境界，才是雅堂最渴望的。

中國的文人多半好吃又懂得吃，雅堂也不例外。他的朋友極多，又喜歡交遊，因此和三、五好友在飯館裡一面品嘗佳餚，一面縱談古今，最是賞心樂事。

「江山樓」是當時臺北有名的酒樓之一，它的閩南菜燒得最為地道入味。連雅堂也最中意這家館子，恰巧那裡的主人頗為附庸風雅，對於連雅堂早已心儀私淑，所以每回雅堂和朋友們到來，主人都會親自下廚，以迎嘉賓。非但如此，逢年過節，甚至於平常時候也會派人送一盅美味的「佛跳牆」或家常的芋頭糕什麼的，表示敬意。夏季則時而奉送那時新流行起來的消暑甜點「冰淇淋」，一次送來，總是一大桶。這時候他們家裡人口簡單，只有雅堂夫婦與就讀靜修女子高等學校的長女夏甸，及尚在附近小學讀書的三女秋漢，其餘則僅二婢一僕而已。炎熱的夏天，主僕大夥兒在樓下陰涼的大廳裡，用飯碗分享著那桶易融化的冰涼涼的點心，倒也不失為一大樂趣。雅堂竟也曾應江山樓的主人所請，題過一首〈江山樓題壁〉詩：

如此江山亦足雄，眼前鯤鹿擁南東。百年王氣消磨盡，一代人才侘傺空。
醉把酒杯看浩劫，獨攜詩卷對秋風。登樓儘有無窮感，萬木蕭蕭落照中。

移居臺北後，雅堂閉門習靜時較多，偶然也與臺北詩會組織「瀛社」的人士來往；不過，兩三年內，他最大的心思精神，毋寧是專注於力作《臺灣通史》的刊印方面，編排、校對，又是一番不眠不休的工作。筱雲也同樣以一種興奮的心情期待這一部書的發行。在她心目中，雖然那是丈夫獨立著述的作品，可是，回首十年間他們夫妻二人所共同分享分擔的歡愁甘苦，直如最寶貝的子嗣誕生一般！她為通史寫了一篇後序：

雅堂夫子既作臺灣通史，將付剞劂；璈讀而喜之。已而歎曰：「嗟夫！夫子之心苦矣！夫子之志亦大矣！」始璈來歸之時，夫子方弱冠，閉戶讀書，不與外事。既而出任報務，伸紙吮毫，縱橫議論。又以其餘力網羅舊籍，旁證新書，欲撰臺灣通史，以詔之世；顧時猶未遑也。越數年，去之廈門，游南嶠，鼓吹擯滿，瀕於危者數矣。事挫而歸。歸而再任報務，復欲以其餘力撰通史。每有所得，輒投之篋；而時又未遑也。

中華民國既建之年，夫子矍然起，慨然行，以家事相屬，長揖而去，遂歷禹域，入燕京，出萬里長城，徘徊塞上，倦遊而歸。歸而復任報務。茶餘飯後，每顧而語曰：「吾平生有兩大事，其一已成，而通史未就；吾其何以對我臺灣？」於是發篋出書，積稿盈尺，遂整齊之，每至夜闌始息。如是三年而書成，又二年而後付梓。

嗟乎！夫子之心苦矣！夫子之志亦大矣！臺自開闢以來，三百餘載，無人能為此書；而今日三百餘萬人，又無人肯為此書。而夫子乃毅然為之。抱其艱貞，不辭勞瘁，一若冥冥在上有神鑒臨之者。而今亦可以自慰矣。然而夫子之念未已也，經綸道術，煥發文章，璈當日侍其旁，以讀他時之新著。

大正庚申元夜，歸連門沈璈少雲氏敘於稻江之棠雲閣。

為什麼署「棠雲閣」呢？他們夫婦二人夢想的圓山別墅計畫尚未實現，但大稻埕的古老房子，在雅堂來講，是他可以安心讀書著作的「大遯山房」；對於筱雲而言，只要他們夫婦能共棲一個屋頂之下，則天底下任何一個房子都是她心目中最甜蜜的「棠雲閣」了。

民國九年（一九二〇）十一月五日，《臺灣通史》上冊出版。同年十二月二十七日，中冊出版。而翌年（一九二一）四月二十八日，下冊也出版。至此，全書刊印成事，為洋裝三冊，每套定價拾貳圓。連雅堂心頭上的一塊重石也才終於卸下了。他為自己過去一段嘔心瀝血的時光作一個總回顧，寫下七言絕句八首，題曰〈臺灣通史刊成，自題卷末〉：

傭書碌碌損奇才，絕代詞華謾自哀。三百年來無此作，拚將心血付三臺。

一杯差喜酹延平，東海風雲氣尚橫。記得寧南門下月，梅花紅映讀書燈。

馬遷而後失宗風，游俠書成一卷中。落落先民來入夢，九原可作鬼猶雄。

韓潮蘇海浩無前，多謝金閨國士憐。從此不揮閒翰墨，青山青史尚青年。

絕業名山幸已成，網羅文獻責非輕。而今萬卷藏書富，不讓元侯擁百城。

一代頭銜署逸民，千秋事業未沈淪。山川尚足供吟詠，大隱何妨在海濱。

詩書小劫火猶紅，九塞談兵氣尚雄。枉說健兒好身手，不能射虎祇雕蟲。

一氣蒼茫接混冥，眼前鯤鹿擁重瀛。渡江名士如相問，此是人間野史亭。

《臺灣通史》發行了。對於這部鉅著，日本朝野極為重視，購買者頗多。日本臺灣總督田健治郎特題為「名山絕業」四個字。總督府總務長官下村宏也為之作序：

連雅堂氏，當代逸民也；久寓鯤溟，著述頗富；頃寄臺灣通史稿本請序於余。余披而閱之：俶載於蘭人占據，獲麟於乙未變革；至其敘清朝經營事蹟，則典據精深，記述詳明；乃與江日昇臺灣外記首尾相接，可謂文獻大宗矣。竊以唐巡撫獨立倡亂之事，實非所以忠於清朝、仁於臺疆，慫義喪理，蒙昧殊甚，與鄭氏護持明朝殘局者，全異其選。惟以我朝視之，則勝國遊魂，寧為可憫耳，狂暴何咎？較諸臺灣外記，恨史料既有軒輊，余頗為雅堂氏惜之。雖然，江氏外記體裁酷近稗官小說，讀者往往顰眉；通史則不然，專仿龍門格式，紀、傳、志、表，分類有法；矧又氣象雄渾，筆力遒健，論斷古今，吾幾不能測其才之所至；蓋近世巨觀也。即題此言返之。

下村宏為日本人，他雖佩服雅堂的史才和文才，畢竟站在統治者方面，必得有所批評。

而祖國人士，則由於地理阻隔，反而顯得有些漠然。只有章太炎於收到雅堂寄贈的書後，十分讚揚，認為這部書是民族精神之所附，將來必為傳世之作；他後來並為此書作序。此外，張繼在章太炎處見到此書後，也讚為「極有價值之書」，曾專函雅堂，索求一部；他後來在民國三十四年（一九四五）抗戰勝利那一天，還特別為此書寫了一篇意味深長的序，在末尾部分說：「今勝利到臨，臺灣收復，指日可待。余向以雅堂存臺灣於文化者，今竟重光臺灣，雖雅堂不及目睹，而震東克紹先人遺志，服務祖國，且已實際參加收復臺灣之工作，而其嘔心之作，又得隨鄉邦重光而重刊之，永垂不朽。雅堂有知，亦可含笑於九泉矣。」寫序的日期，特繫「中華民國三十四年八月倭寇正式無條件投降日」。

《臺灣通史》雖然是我中華民族精神之所寄託，卻能夠在當時日本統治之下的臺灣順利刊成，而沒有遭受到日吏的干擾，是由於作者事先已經請總督題字，又請總務長官寫序的關係，使得他們有所顧忌。至於雅堂何以要請日本人題字寫序呢？這完全是委曲求全，在異族統治之下不得已的辦法。實際上，日人對於雅堂的才學的崇敬是沒有疑問的，但是對於他維護民族主義精神這一點，站在彼方立場，卻也不無有所不滿，這可以從前引下村宏序文評論臺灣民主國的一段文字看出來。不過，日本官方對於《臺灣通史》中的卷四〈獨立紀〉這個篇名，仍然十分敏感和不滿，所以強迫作者改易為〈過渡紀〉。為使該書順利出版，雅堂最後想出了一個折衷的辦法：大正九年（一九二〇）出版的「臺灣通史」，於篇目卷四「獨立紀」上，另外浮貼〈過渡紀〉三個鉛印字。至於書前目錄卷四則下有小字排印：「起清光緒二十一年，終於是年九月，此篇原名獨立，嗣以字義未妥，故易之」，但卷四每一頁的書邊仍印著「獨立紀」。這樣一來，表面上是服從了日方的意思，實際上，讀者仍可一目瞭然作者原先採用的文字，有心的讀者更可以由此體會到作者用意的深刻，而浮貼的設計只能成為「欲蓋彌彰」，「心照不宣」。

《臺灣通史》三冊雖然全部順利刊行了，可是，雅堂的抱負和心所懸念的，並未就此停止。誠如他的妻子在〈後序〉末段所說的：「夫子之念未已也」，他所憂心的事仍不少，其中尤以國學之式微，更為他日夜所掛慮。

這一年的秋天，「瀛社」舉辦了一個全臺大會。連雅堂也應邀參加，會中他建議把當時全臺灣的詩社聯合起來，並且發行一種刊物，以期互相勉勵，藉資鼓吹漢文，可惜由於經費不足，而未能付諸實踐。

南社嬉春圖。（民國四年）中排右起第四人為雅堂先生。

十一、著述愈勤

十年獨立慘淡經營，完成了《臺灣通史》，雅堂終於對臺灣的歷史有所交代；然而，於著史的同時，他對於臺灣的文學史也十分注意，對於相關資料亦進行蒐集分段編纂，所以通史刊印之後僅費三月，續有《臺灣詩乘》的纂成。

《臺灣通史》固為臺灣之第一本史書，而《臺灣詩乘》，也是史無前例的工作。文人反映現實環境及個人生活，所以文學作品，尤其詩，則是更細緻的歷史民生記述。這一點，連雅堂的自序說得很清楚：

《臺灣通史》既刊之後，乃集古今之詩，刺其有繫臺灣者編而次之，名曰《詩乘》。子輿有言，王者之迹熄而詩亡，詩亡然後《春秋》作。是詩則史也，史則詩也。余撰此編，亦本斯意。夫臺灣固無史也，又無詩也。臺灣海上荒土，我先民入而拓之，以長育子姓，艱難締造之功多，而優遊歌舞之事少；我臺灣之無詩者，時也，亦勢也。明社既屋，漢族流離，瞻顧神州，黯然無色，而我延平郡王以一成一旅，志切中興，我先民之奔走疏附者漸忠勵義，共麾天戈，同仇敵愾之心堅，而扢雅揚風之意薄；我臺灣之無詩者，時也，亦勢也。清人奄有，文事漸興，士趣科名，家傳制藝，二三俊秀始以詩鳴，遊宦寓公亦多吟詠，重以輿圖易色，民氣飄搖，侘傺不平，悲歌慷慨，發揚蹈厲，淩轢前人；臺灣之詩今日之盛者，時也，亦勢也。

然而余之所戚者則無史。無史之痛，余已言之。十稔以來，孜孜矻矻，以事《通史》；又以餘暇而成《詩乘》。則余亦可稍慰矣。然而經營慘澹之中，尚有璀璨陸離之望。是詩是史，可興可群。讀此編者，其亦有感於變風、變雅之會也歟！

辛酉花朝　臺南連橫序於臺北大遯山房

序中所謂「詩則史也，史則詩也。余編此編亦本斯意。」寫此自序的時間是一九二一年（辛酉）春（花期，花開之期），與《臺灣通史》下冊刊行大約同時。可見二書之編纂乃是相互關聯著。《通史》之體裁仿司馬遷《史記》，其中誌人物的列傳是主要的部分，察閱其人之事，必會連帶閱讀其人之詩文，所以讀二書，常有互補印證之助。例如《詩乘》近尾部記敘散家資組軍以抗日軍的新竹人姜紹祖對聯。軍敗身歿，其妻大義凜然，不屈服於日人。雅堂編詩之筆一轉而兼及史事：「余撰《通史》載紹祖事，未及其妻，故補之。」而「乘」字，原就是「史書」，此即是「詩則史也，史則詩也」的說法。然而，史重直接的記述，詩則有時含蓄而出、委宛而道，所以表達方式有別。這就是連雅堂孜孜矻矻十年，以《通史》為第一志業，而以「餘暇」編成《詩乘》的道裡。

《臺灣詩乘》六卷，選錄明代鄭成功復臺前後至割臺三百年間，諸家有關臺灣之史事及山川風物的詩篇。作者包括官吏，鄉紳，又及於前後詩社。然而，這一本詩集又有一個特色，不僅收載各時期各種人物的詩篇，間又記錄著收纂者的態度，品評，乃至於和選集關係略遠的一些故實：

余撰《詩乘》，蒐羅頗苦，凡鄉人之詩，無不悉心訪求；即至一章一句，亦為收拾，固不以瑕瑜而棄也。志乘凋零，文獻莫考，緬懷先輩，賸此遺芳，以昭來許，差勝於空山埋沒也。（卷二）

余讀香祖諸詩，皆不及〈請急振歌〉之佳，蓋〈請急振歌〉為救民之語，字字自肺腑出，而諸詩則多屬應酬，故僅選兩首，以其有繫臺灣文苑也。（卷四）

臺灣八景之詩，作者甚多，而少佳構。余讀舊志，有臺廈道高拱幹之作，推為最古。（卷一）

（李）西華名友棠，號適園，江西臨川人，乾隆二十一年以刑科給事中任巡臺御史。唯是詩（〈臺灣賞番圖〉）所引，多屬《臺灣府志》所載，間有錯誤，如竊花、礫犬、擁蓋均漢俗；然洋洋灑灑，成一巨製，亦可作番俗考讀也。（卷二）

臺人品茶與中土異，而與漳、泉、潮三府相同，所謂功夫茶者也。顧茗必武夷，壺必孟臣，杯必若深，三者弗備，不足自豪，且不足供客。余曾作茗談一篇，載于《臺灣漫錄》；以余素嗜茶，又能判其風味也。近閱《陽羨名陶錄》，載周靜瀾觀察之詩，亦言臺人品茶之精。其詩曰：「寒榕垂蔭日初晴，自瀉供春蟹眼生。疑是閉門風雨候，竹梢露重瓦溝鳴。」自註：「臺灣郡人茗皆自煮，必先以手嗅其香，最重供春小壺。供春者，吳頤山婢名，善製宜興茶壺者也；或作龔春，誤。一具用之數十年，則值金一笏。」按觀察名澍，道光初以翰林任臺灣道，著《臺陽百詠》，余遍求之弗得。他日苟獲其詩，當刊諸《叢書》，以補文獻之缺。（卷四）

民國十一年（一九二二）三月，《臺灣通史》已梓行，《臺灣詩乘》亦已纂竟，多年來的著述編撰工作，一旦而有此兩大成就，連雅堂覺得相當欣慰，也有些倦嬾，想要旅行遊歷以調劑身心。「讀萬卷書，行萬里路」，一向是他心目中所嚮往的。回想從民國三年返臺以來，他已經有八年未嘗遠遊了；何況，兒子震東赴日留學，轉眼也已經三年，筱雲頗有思念之情，便偕妻子東遊日本。

他們的船沿著大陸的東南海岸北上，先停泊在江蘇吳淞。於是便利用短暫有限的時間到龍華，去看聞名遐爾的桃花。深深淺淺如錦似霞的桃花開了滿城，把三月的江南烘托得明媚無比。遊客如梭。筱雲和雅堂同樣都是愛花者，她按捺不住興奮與好奇，在丈夫小心的攙扶之下，走遍了桃花樹下。

船隻補足了油和供應物之後，便橫渡東海，直駛日本九洲而抵達長崎。長崎為日本對外貿易的主要港口，此地的街容和建築物頗有些歐化的傾向，而四月的長崎，氣候不冷不熱暖洋洋，正是他們的國花——櫻花綻開的季節。多麼巧妙的安排呀，在江南欣賞過豔麗的桃花之後，緊接著又來東瀛看櫻花。日本人雅愛櫻花，是取其花開花落為時短暫，猶如生命正在極盛的巔峰時便突然凋零，美麗之中又帶幾許感傷哀愁；因此賞花要及時。他們遊正覺山，飽覽滿開的櫻花。歸途上路經一處古色古香的文具店，便買了一些紙筆和信箋類的東西，忽見有日人書寫和歌用的精美圖案小箋，便買了繪有平安朝仕女圖者，以及垂柳海波圖二種。回到旅邸後，他一時詩興起，便在那有仕女的小箋上寫下了兩首小詩：

此是東瀛第一天，求書曾泊遣唐船。
衹今故國風雲亂，文物凋零愧後賢。〈再至長崎〉

櫻花如雪月如潮，難遣春光是此宵。
卿意儂情同眷眷，禪心詩味兩迢迢。〈游正覺山，時適夏歷三月望夜〉

於是，訪平戶島弔鄭延平；過馬關，經瀨戶內海而再泊於本州神戶。對於雅堂來說，神戶已是三訪的舊遊之地，然而距離上一次來訪，竟已整整十年了，這不得不使他有「檢點征衫已十年」之歎。這裡，他有不少認識的人，但是由於筱雲跟他都急於會見在東京寄讀的兒子震東，所以未便過分驚動朋友們，匆匆一遊即再乘船到橫濱。

在橫濱，他們遭受關吏嚴格的書籍檢查，頗耽誤時間，幸而這次純屬探親遊歷，所以攜帶的書籍並不太多，不過，以一介書生，雅堂對日本官方這種措施當然很看不順眼，所以他寫了一首詩諷諭：

東西潮水此歸虛，津吏狺狺禁挾書。
笑問秦時舊童丱，祖龍政策更何如！〈橫濱關吏搜檢書籍甚嚴，西客尤甚〉

橫濱距離東京，不過火車一、二小時的路程，所以出得海關，震東已在外面引領盼望雙親了。三年不見，這青年又長高一些，體格也更形健壯。如今，他已是慶應大學普通部的學生。那一身黑色的制服。胸前有一排金扣子，帽沿壓在載著金絲邊眼鏡的濃眉上，使他在英挺之中更顯一股儒雅的書卷氣。「阿爸！阿母！」他顧不得旁邊人驚異的眼光，大聲用家鄉語言親暱地呼喚著父母。母親的雙頰禁不住的眼淚淌下來，父親的笑容似乎有些蒼老的樣子。於是被兩個高高的男人小心翼翼地伺候著，筱雲踏上了赴東京的火車。四月的東京，即使夜晚也不再寒冷，可是，在他們三人心裡頭流的暖流，豈是外面的和風所能比擬，那是一種血濃於水的原始的親情。

火車抵達東京車站，他們便直奔預先訂好的旅館。震東珍惜這短暫的骨肉重聚的日子，所以也不回住宿的地方，三個人就這樣子擠在一個房間裡。他們有談不完的別後話題，可是父母怕孩子累倒，兒子又擔心雙親疲勞，於是互相催促，抑制著興奮的心情，勉強早早就寢。

次日，他們先去參觀應慶大學，探望震東住宿的日本人家庭，接著便由在東京住了三年的震東充任嚮導，四處賞覽。

櫻花雖易謝，可是東京的氣候比長崎稍涼，所以上野公園的櫻花又正逢盛開。這真是奇妙的機會，能在短短的期間裡三賞花季。〈上野看櫻花〉的詩，便是在三人從容欣賞下成吟的：

九十韶光信可人，繽紛香雨浥輕塵。我來正值花齊放，萬樹烘成上野春。

可是，當他們遊罷東京都內各地名勝，如平和塔、西鄉南洲銅像，又去護國寺探友人謝石秋墓、赴愛住町訪館森鴻；筱雲想再賞上野的櫻花時，敏感的花朵已紛紛飄落，清香滿園而色澤闌珊了。不過，櫻季雖過，猶有別種花兒堪翫賞，所以他們到錦絲窟看牡丹，遊日比谷看杜鵑花。這一系列的賞花之遊，實在美不勝收，豐饒極了。

東京近郊的鐮倉、箱根、日光等地，當然也不能漏過。整日東征西奔，那時筱雲已有四十八歲，早年又曾裹了小腳，但她始終興致勃勃，毫無倦容。那嬌小的身材，色澤明亮的旗袍，以及一雙小腳，使得她變成了所到之處受人矚目的對象，但是左右有兩個親愛的男人護著，她把頭擡得高高的沒有一絲兒畏懼，只顧欣賞花色陶醉佳景，沉醉在親子之樂中。

這次的旅行，原本是純粹為了旅行而旅行，兼及探望兒子而已；沒想到，四月底在東京的臺灣青年召開春季例行會，同時附帶歡迎當時正東遊的林獻堂等人，他們知悉連雅堂也在東京，便固請參加，並邀發表演講，因此他臨時做了一次講演，題目為「臺灣之歷史」。這是雅堂最熟悉的話題，故內容十分生動精采，廣受在場聆聽的人士讚頌。

一個多月的日本遊歷，在五月十五日結束。震東隨送至神戶。這期間，連雅堂夫婦與他們的獨生子盡興賞玩異邦風光，同時也浸溺於親密的骨肉之情中，懷著滿足的回憶。

火車向西行，經過山陽道；不多久，便看到日本第一名山——富士山浮現在半空中。五月的空氣中，已透著些許初夏的信息，然而那秀美的山頂，依然是白雪皚皚。

從神戶，再度改乘回程的郵船。震東獨自回東京。他們兩老，一路上風平浪靜，指向美麗之島的臺灣。詩人心裡作何感想呢？

> 豈真入海為求詩，貝闕龍宮一望奇。鵬背搏風三萬里，南溟到處是天池。（歸舟）

東遊歸來，連雅堂覺得精神爽朗了不少。此行雖然不滿兩個月，但是陪伴妻子與三年不見的兒子團聚，三人相偕遊山玩水，把工作與俗務暫時拋開，的確，於身心兩益。這次的旅遊，也一償對筱雲十年相伴支持的情意了。

返抵家門後，雅堂照例又恢復了忙錄的生活：一方面依舊不廢詩文創作，另一方面由於交遊遍及臺灣南北，所以各地詩社有大小集會，總是不會放過他；此外，從次年秋天開始，臺灣文化協會臺北支部所主辦的「文化講座」第一回短期講習會設置「臺灣通史講習會」，這個主題人選，當然非連雅堂莫屬。於是，他義不容辭地接聘為講師。

講習會的地點在港町二丁目（即今西寧北路），上課的時間是在夜間。每當華燈初上時分，連雅堂便穿著一襲僕素的愛國布——當時一般人日常穿用的棉布衣服，乘人力車前往講習地點。在他住所附近排班的人力車伕，人人都認識這位清癯的紳士便是《臺灣通史》的作者連雅堂先生，所以一見他夾著講義稿紙從家裡出來，便紛紛趨前問候，「連先生，您好！又要去上課了嗎？」「連先生，讓我送您去吧。」他們很高興載他去上課。有時候，甚至於送他到講習所還不肯收錢，說：「連先生，您為咱們臺灣人作這樣有意義的演講，我們粗人沒辦法表示敬意，送您一程也是應該的呀！」雖然那車資是極有限的小錢數，然而，這裡所包含的人情溫暖是無限的。可是，儘管領略這溫情，雅堂又何忍讓這些靠勞力生活的朋友們白白送自己一程呢？「你們是靠拉車養家活口的，你們送我去，我給你們車資，這是天經地義的事情；你們若不拿錢，教我下回怎麼好意思再上車啊！」有時候，車伕們把雅堂送到門口，他們也會心血來潮地說：

「今晚我不再做生意了，我也要進去聽你演講！」

這時候，連雅堂四十六歲。他雖然看起來瘦長，但是身子還挺硬朗，精力也相當充沛，又由於內容是自己最熟悉的臺灣史實，所以講起來精闢而生動，條理清楚，每逢有所心得之部分，聲音特別宏亮，往往逾時而不自知；聽者也極為踴躍，聽得入神，時而激越興奮，時而慷慨悲壯，情緒起伏，一隨講師語調口氣。

這是一種對外公開的演講，聽眾不受年齡身分地位的限制，由於雅堂的名氣響亮，號召力大，所以慕名前來聽講的人很多，如後來成為臺灣大學歷史系教授兼國史館委員的楊雲萍，也是熱心聽眾之一。當時的楊雲萍還只是一個中學生而已。由於這個演講太吸引人，所講的內容又是與臺灣同胞有切身關係的諸史實及問題，日本官方不得不提高警覺，唯恐連雅堂會藉機鼓舞民族精神、甚至煽動群情排日，因而每次必派深諳臺語的日本人在場監聽。

雅堂的演講，大抵依他的《臺灣通史》順序，起初一段時間講述鄭成功反抗清朝，以及清朝如何經營臺灣，尚可相安無事；可是，次及於中、日因朝鮮問題而引起交涉的一段事實，便受到在場監聽者的警告，他們當眾喊叫：「注意！注意！」意思是說要連雅堂適可而止，不可過分暴露史實，以免引起聽眾對日本的反感；等到後來更及於馬關條約割讓的一段史實，日吏再也不能忍受了，便喝道：「中止！中止！」不准連雅堂再將那一段令臺胞沒齒難忘的深仇大恨敘述下去。這個「臺灣通史講習會」遂在高壓政策之下，不得不提前結束。雖然，話猶未盡，然而有心的聽者心裡自是明白，而雅堂的用心也不無效果。

從九月十一日開始，到同月二十四日，雖然為期不長，在異族統治之下，雅堂不畏懼的態度，已贏得更多人的崇敬，日本人對他這個言論雖不滿意，卻因他當時既有的社會名望，也不敢對之如何，以免刺激民情，反而更引起臺灣人對日本政府的反感。這樣說來，這次的演講在表面上看似夭折失敗，而實質上則以一介書生對抗官廳，勝利應是屬於連雅堂才對。

自從「臺灣通史講習會」以後，連雅堂在社會一般人士及學術界的名望愈隆，各方紛紛要求他多做學術性的公開演講，所以年底，「文化協會」又在每週週末的定期通俗學術講座裡，為他安排了一次「詩學淵源」的演講。在兩個小時的演講中，連雅堂例舉上古到清末的重要詩作，將我國古典詩的演變發展，做了一個簡單扼要的分析解說。

後來，他又在這一系列的第七回週末通俗學術講座中發表了「六波羅密」的演講。這是一個屬於佛學範圍的演講。連雅堂早年就對佛學有研究，中年以後，更時常與僧侶來往，互相交換禪學與文學的心得。他曾經說過：「詩之與禪，一而二，二而一者也。詩人之領略得乎自然，禪家之解脫明乎無我；夫自然也，無我也，皆上乘也。故詩人多耽禪味，而禪家每蓄詩情。」他又說：「不可思議四字，為佛法第一之真諦，而作詩者亦當於此求之，而後能極其妙。若人人能言，人人能知，則佛法平等，又何有菩薩聲聞之分耶？」在臺南、臺中，他都喜愛遊佛寺，結交僧人。移居臺北後，近郊的名剎古寺也都有他的遊踪，他喜歡佛寺清靜絕俗的環境，所以當都市人世間的困擾使他厭煩時，便會暫時靜避到深山廟裡去。例如白雲寺便是他所喜愛的寺廟之一，〈宿白雲寺，示同遊李石鯨〉詩：

天上白雲不可捉，墜落人間熏五濁。翩然復上白雲行，白雲無心在空谷。
谷中有人方大笑，雲兮雲兮來何速。朝從山麓飛，暮向山頭宿。左手驂青鸞，右手招黃鶴。
冷然萬籟寂無聲，為鼓雲璈歌一曲。娟娟涼月照前除，一樹棠梨自開落。回頭忽見佛燈紅，
薄寒中人侵簾幕。
鬢絲禪榻話春風，夜深臥聽瓶笙作。煙霞舊侶喜同遊，胸中突兀盤邱壑。
倏然一枕抱雲眠，萬事不如春睡足。李生李生莫侷促，人生到處須行樂。
他年駕雲復歸來，不見人民見城郭。

雅堂與僧友的往來如何呢？這也可以從他的來往酬唱的詩中窺見一斑：

把臂何時共入林，大千世界正沉沉。
破魔願具神通力，救苦先存菩薩心。
故國淒涼聞鶴唳，秋江寂寞起龍吟。
梅花我亦稱知己，流水高山有賞音。〈次韻和志圓法師〉

化雨長霑紫竹林，談禪不覺夜鐘沈。
一帆明月催歸意，百首梅花寫素心（法師臨別，留示畫梅百詠）。

塵劫未銷惟有法，海天無際旦孤吟。
他年鼓棹滃洲過，共倚潮頭聽梵音（余有參普陀之約）。〈送志圓法師歸南海，即用前韻〉

觀音山凌雲寺的本圓禪師，為雅堂交遊最密切的禪友。他與本圓禪師談詩論禪，也曾為凌雲寺的修建熱心奔走募款，有一篇〈募建觀音山凌雲寺啟〉，可以為證。不過，雅堂對於佛的態度，與其說是宗教的，倒不如說是學理的興趣，所以他尚禪喜佛，卻思路宏大而並不迷信。

行萬里路，對雅堂的讀書著述有極大的幫助。這一次從日本回來以後，他不僅參與種種文人的集會，又時時發表演講，同時更雄心萬丈，想要編一本純粹文學性的雜誌，以提高臺灣漢學，同時更藉以振興群德。因為日本人統治臺灣，推行所謂「國語」——日語，企圖逐漸消滅漢學，從而達到徹底奴役臺胞之目的。雅堂對日人此一陰謀最為洞悉，所以他屢次撰文大聲疾呼，提醒同胞們要珍視民族文化。可是，空洞的理論總不如實際的行動來得有力有效。他自己既不做官居要位，只是一介書生而已，書生能作什麼呢？他思慮再三，覺得唯有辦雜誌才是一個最有效的方法，因為文字能普遍為人所看到，文字也能行之久遠。前些時候，他便將這個意思於「瀛社」的全臺大會裡提出來，可惜由於經費不足而作罷。對於這件事情，雅堂始終耿耿於懷，念念不忘，所以自日返臺之後，便多方奔走籌資，同時極力拉攏諸友，請大家有錢出錢有力出力，並且答應源源不斷地提供稿件。

於是，於民國十三年（一九二四）二月，一份態度嚴謹，內容豐實的文藝雜誌《臺灣詩薈》第一號出版了。在第一頁，主編連雅堂發表了一篇語重心長的〈發刊序〉：

臺灣詩學，於今為盛。文運之延，賴此一線。而眷顧前途，且欣且戚，何也？臺灣固海上荒土，我先民入而拓之，手耒耟，腰刀鎗，以與生番、猛獸相爭逐，用能宏大其族。艱難締造之功，亦良苦矣。我先民非不能以詩鳴，固不忍以詩鳴也。夫創開則尚武，守成則右文……

然而今日之臺灣，非復舊時景象也。西力東漸，大地溝通，運會之趨，莫可阻遏。重以科學昌明，奇才輩出，爭雄競智，迭相抗衡。當此風雨晦明之際，聞雞而舞，著鞭而先，固大丈夫之志也。且彝倫攸斁，漢學式微，教育未咸，民聽猶薄，傍徨歧路，昧其指歸，差之毫釐，謬以千里。此又士大夫之恥也。夫以新舊遞嬗之世，群策群力，猶虞未逮，莘莘學子，而僅以詩人自命，歌舞湖山，潤色昇平，此復不佞之所為戚也。……

不佞，騷壇之一卒也，追懷先德，念我友朋，爰有詩薈之刊。不佞猶不敢以詩自囿，然而琴書之暇，耕稼之餘，手此一編，互相勉勵，臺灣文選之衰頹，藉是而起，此則不佞之懺也。」孔子曰：『詩可以興，可以觀，可以群，可以怨』。尤願與我同人共承斯語，日進無疆，發揮蹈厲，以揚臺灣詩界之天聲。

這一份雜誌雖取名為《詩薈》，實際上詩文並收，而且除了刊登時人的詩詞創作外，又兼錄古人的文字，更收文學批評，同時又設詩畸、謎拾等。每一期的後面，有「騷壇紀事」一欄，則報導南、北文壇的活動情形，有助於溝通文友的情報信息。經常在這本雜誌發表作品者，以臺灣籍的文人居多，其中除雅堂本人外，如林獻堂、林小眉、李石鯨、洪棄生、許自立等人，年紀或有少長之別，多為雅堂的朋友；也有女詩人如王香禪、李如月、洪浣翠等人也時時有詩作刊登。此外，章太炎、梁啟超、張繼，雖在大陸，也有文字披露於此。至於日本人之能漢文者，如小野西洲，山口透等人，有時也有作品發表。

這個月刊創辦的目的，一是在振興當時的文學，二是在保存舊時的遺書。在振興文學方面，它不僅每期刊登已成名作家的詩人，又舉辦徵詩比賽，以獎掖新秀。例如在第三號裡面就有「汲古書屋徵書」。入選的前三名，依次為ST生、王了庵、瑤英；看來第一名是一個年輕的新人，而第三名則或為女性詩人，由此可見其鼓勵後進男女詩學創作的一斑。至於保存舊書方面，自創刊號以來，每期陸續刊登先賢的遺稿和遺書，如《沈斯庵詩集》、孫元衡的《赤嵌集》、林豪的《東寧記事》等，都是相當珍貴的資料。

由於這是一本提倡文藝學術為宗旨的雜誌，其目的非在營利，因此每期刊登的廣告極少，就是有，也多屬書籍刊物的廣告，如雅堂自己的《臺灣通史》（有減價廣告）及《大陸詩草》、林小眉的《東寧草》、洪棄生的《宗鶴齋文轡》等，甚至於內地出版的各種書報雜誌，如北京的《新國民》、《佛化新青年》及上海的《孤單》、山西的《晉民快覽》等。至於日本人的著作，僅有少數史籍。在日本人統治之下的《臺灣詩薈》，竟能做到如此堅定的立場，這一點正足以反映主編者的意志了。至於其他非文藝性的廣告，間亦可見少數，但多只限於本省籍人士所開設的醫院；藥鋪或辯護士（律師），而且從那上面所印的地址看來，總不出臺北太平町，人稻埕、大嶠町一帶；換言之，也就是主編連雅堂居家附近的一些醫生和律師。這樣可以稍稍資助這本雜誌，但登廣告之目的並非營利。

雅堂在《詩薈》第三號裡有刊登一則啟事：「鄙人發刊詩薈，原非營業之計，良以臺灣今日之漢文廢墜已極，非藉高尚之文字，鼓舞活潑之精神，民族前途何堪設想？」

就因為這份雜誌一心只為了民族精神之前途設想，所以編者幾乎投注了他整個的精力和時間。每期除了必刊登自己的詩文之外，另有填空補白性的文字，取名為「餘墨」。字數多寡，視需要而定，長者五、六百字，短者百來字，短長雖不一，卻篇篇可讀，縱橫談論古今中外；人生藝術、宗教哲理，時則穆穆清和，時則栩栩生動，充分表露作者的識見才性。下面例舉幾則，以窺一斑：

少陵詩曰：「老去漸知（於之誤）詩律細。」烏乎！詩律之謹嚴，非少陵其誰知之？而少陵猶老去漸知。吾輩初學作詩，便欲放縱，目無古人，是猶無律之兵，一遇大敵，其不轍亂旗靡耶？（第一號）

文章尚古，學術尚新，此余二十年來所主張也。故余讀古書，輒以最新學理釋之；而握筆

為文，則不敢妄摭時語，以炫新奇，真守舊也。（第四號）

釋迦曰親怨平等，耶穌曰待敵如友，孔子曰己所不欲勿施於人。三聖人之言，吾雖不能至，吾當守之行之，而後可謂之人。（第六號）

吾友蘇曼殊嘗謂拜輪足以貫靈均、太白，而沙士比、彌爾頓、田尼孫諸子只可與少陵爭高下，此其所以為國家詩人，非所語於靈界詩翁也脫烏乎！英國有一沙士比，已足驕人，而中國有一靈均，又一太白，實足為詩界揚其氣焰。而今之崇拜兩洋文學者不知曾讀靈均、太白之詩而研究之歟？（第十三號）

梁鈍庵先生曾謂林南強：人生世上，何事多求？但得一間小茅屋，一個大腳婢，一甕紅老酒，足矣。林無悶聞之為下轉語曰：一間小茅屋不破，一個大腳婢不醜，一甕紅老酒不竭。余更為之註曰：不破易，不醜易，不竭難。（第十九號）

對名花讀異書，是名士風流。以漢書下濁酒，是才人氣慨。（第二十一號）

不過，從連雅堂平日的主張言論，以及零星發表的這些短文中，可以看出，他的文學觀是屬於比較守舊的；這與當時年輕一輩，尤其是留學自東、西洋大學返鄉的文壇前進新秀，難免在文藝思想方面有所差距。《臺灣民報》第二卷第二十四號便有張我軍所撰的白話文〈糟糕的臺灣文學界〉，激烈批評舊文學界。他又於二卷二十六號撰〈為臺灣的文學界一哭〉一文，專門責備連雅堂，認為雅堂「對於新文學是門外漢，而他的言論是獨斷、是狂妄。」這些批評詬罵的文字，是因為連雅堂在《臺灣詩薈》第十號刊載了一篇〈臺灣詠史跋〉，係為林景仁的《臺灣詠史》而寫，其後段有文字說到：

……今之學子，口未讀六藝之書，目未接百家之論，耳未聆離騷、樂府之音，而嚚嚚然曰：「漢文可廢！漢文可廢！」甚而提倡新文學，鼓吹新體詩，秕糠故籍，自命時髦；吾不知其所謂「新」者何在？其所謂「新」者，特西人小說，戲劇之餘，丐其一滴，沾沾自喜。是誠埳穽之蛙不足以語汪洋之海也。噫！

文字頗帶諷刺意味因而引起新文學界的不滿。

這本雜誌在臺北發行，如前所述，《詩薈》的會員卻並不限於在臺灣者，因而薄薄一本刊物，能溝通各地人心；而登載詩作酬唱，也可以藉此維繫遠方的友誼。就以連雅堂與謝幼安、王香禪夫婦而言，他們雖依依惜別於吉林，並曾許下同遊西湖之約，然而有意重晤，反而無緣再會，致一任時光蹉跎。可是在第十五號的《臺灣詩薈》上，二人各有詩刊出。王香禪作〈秋夜有懷雅堂先生〉：

白雲秋水雁來聲，可記今宵月正明。黃浦灘頭逢故友，松花江畔話離情。
清尊評句推林叟，霜葉題詩寄曼卿。十載此懷消未得，幾回翹首望蓬瀛。

雅堂則答以〈次韻香禪女士見懷之作〉：

寥落中天雁一聲，十年影事記分明。杏花春滿江南夢，衰柳寒生塞北情。
黃絹詩詞傳女子，白衣談笑傲公卿。人間儘有埋愁地，獨抱孤芳隱大瀛。

天涯海角，純美感傷的情誼卻能以有形的文字並列排出，安慰了作者，也感動了讀者。古往今來，辦純粹學術藝文性的雜誌者，鮮有賺錢的例子，而況連雅堂是一個充滿理想懷抱的書生，他只顧維護這份刊物的水準和宗旨，卻全然不懂得如何營利爭取資源。雖是每期單薄的一本書，編印、製訂，樣樣需要花錢。原先籌得的一些資本，每出一期便減少一些；而如果說這份雜誌有什麼收入的話，就只靠各方訂閱的人所匯寄的有限款項而已。不過，讀書人訂閱雜誌，又往往有意無意會忘記自己應付款的日期，為數雖小，積多後也不無影響；編者方面又不便太過逼迫，只能一再提示，委婉相催。雅堂只得經常在雜誌的封底附一則小啟：「讀者諸君惠鑒；鄙人發刊詩薈，原非營業之計……然印費浩大，獨力難支，握筆躑躅，不勝憂慮。諸君子為臺灣計，為漢文計，如承定購之時，祈將報資先為惠下，俾得周轉，以免滯停。豈惟鄙人之幸，臺灣民族之文明亦有賴焉。」其慘淡經營，獨力支撐之苦心，於茲可見。

為了提高讀者寫詩的興趣，同時也基於愛國的情操，《詩薈》也時有徵詩的活動。在第十一期裡，有一則啟事十分值得注意：《詩薈》為香港、上海二地的「中華聖教總會」代登徵詩啟事，共有四個題目：「哀僑民」、「振華族」、「強祖國」、「遠大同」。這項活動，雖非由《詩薈》主辦，僅屬「代收」性質而已，卻也充分表現了主編者的立場。當時臺灣已淪陷二十九年，但是，在連雅堂的心目中，祖國只有一個，那就是巍巍的中華民國。徵詩的四個題目：哀僑民、振華族、強祖國、遠大同，也正是雅堂的心聲。

每個月按期出版《詩薈》，加以時時應邀為臺灣文化協會的週末講座演講，自己的詩文創作又不能一刻偏廢；多方面的工作，終於累倒了原本清癯的雅堂。第二十一期的《臺灣詩薈》出版以後，他覺得心理負擔過重，精神不濟，而又身體疲乏，醫師和友朋都勸他暫停編務，休養身心，筱雲更是不忍見到丈夫日夕辛勞，所以婉轉規勸；於是，雅堂決定暫時將《詩薈》停刊一段時間，回到國內休養一陣子。在第二十二期的封底裡，有雅堂啟事及《詩薈》啟事各一。前者云：「鄙人曩撰臺灣通史之後，則欲稍事休養，而世務紛紜，未能息肩；重以臺灣文學式微，心滋隱痛，爰刊詩薈，以為維持，補弊起衰，不無少效。顧自秋來，體頗不適，因擬小住西湖，暫拋塵事，澹泊養志，解其天弢。他日頑健勝恒，自當再親筆硯，以就教於諸君子焉。連雅堂敬白。」後者云：「詩薈發刊以來，將及兩載，辱承讀者諸公惠愛，推消日廣；眷顧前途，頗多期望。茲因編輯連雅堂先生養靜西湖，乏人承辦，定自後期暫為中止；俟至明年三月自當照舊刊行，以酬雅意！此後如蒙賜書惠款，請暫寄臺北市大橋町一丁目一一四番地陳錫坤收轉。臺灣詩薈謹啟。」

從民國十三年（一九二四）二月創刊，到十四年（一九二五）十月停刊，共出版二十二期，《臺灣詩薈》停刊了。兩年來雖諸般困難，但詩薈的出版，卻是臺灣文學界的創舉，其影響是極深遠而有意義的，當然由於身體之欠佳，一時不能繼續，心裡總難免有一些感傷。回憶過去自己所走的路程，辦報、辦雜誌，也多有類似的情形，譬如二十年前在廈門的《福建日日新聞》，及十年前在吉林的《邊聲》，不都是因外在的壓力而夭折的嗎？在一個動亂的時代，又處於異族的統治之下，徒抱有理想也不容易有作為的啊。不過《臺灣詩薈》總算出版了近兩年，其間雖亦有過異調攻擊；大體來說，它始終能保持創刊時的精神，以及各方文士之聯繫團結，也多少有所貢獻。如此反省，便也稍感安慰了。

《臺灣詩乘》輯錄了鄭成功時期到乙未之間先人的詩篇，《臺灣詩薈》則徵錄選擇了乙未以後臺灣各地的詩作，同時也報導當時文士們的活動。二書在時間上銜接著，為風雨飄搖之中的臺灣，連雅堂以個人的力量保存家鄉文學史上重要的一個領域。而就在主編《臺灣詩薈》的這兩年期間裡，他同時也將先後陸續刊登其上的文字分門別類，發表了《臺灣漫錄》，以及《臺南古蹟誌》；另外又校訂泉南人夏琳所著《閩海紀要》。所以，從實際的表現看來，這兩、三年的時間裡，連雅堂所做的事情，也並不止於《臺灣通史》的撰著。同時，無論《通史》、《詩乘》、《詩薈》、《漫錄》，乃至於《臺南古蹟誌》的發表，其動機及基本精神是一貫的，那就是「愛國保種」。在異族控制之下的孤島，一介書生祇憑著狂熱的愛故鄉、愛祖國之心，堅定的意志，和大無畏的精神，以一管毛筆完成了這些著作，把它們獻給他所愛的社會人群。他對文學的觀念與見解容或有可商榷之處，然而，誠如《左傳》裡「殽之戰」的故事，秦穆公所說的，批評一個人豈能「以一眚掩大德」？

連雅堂先生伉儷及連震東先生（民國十一年攝於日本）。

十二、青山青史各千年

多年前遊大陸的時候，連雅堂對山明水秀的西湖便有了深刻而美好的印象。不過，當時《臺灣通史》尚未完成，無法隨心所欲選定自己所喜歡之地，做為永久居住處，所以他只能在寄給妻子的詩裡說到：「他日移家湖上住，青山青史各千年。」而今，《通史》和其他的著作已經次第完成並已付梓。勞心勞神多年，他需要再度旅遊以鬆弛緊張慣了的神經，便有意再赴大陸。這時候連雅堂四十九歲，他的妻子五十三歲。長女夏甸已經出閣，震東在慶應大學經濟部預備科的學業也已完成，正式入升本科就讀，身邊只有三女秋漢陪伴著，而她也已經十五歲讀淡水女中。於是，他們夫婦，帶著秋漢離臺前往西湖。

對於雅堂而言，已有數度出遊的經驗，對於筱雲來說，則是第二度離開臺灣，但是對十五歲的秋漢來說，這是她生平第一次乘船赴遠方。她長得胖胖的，不像大姊夏甸那樣纖細秀美，小時候曾經為此向母親抱怨過。不過，這少女天性善良開朗，又是家裡的么女兒，所以十分得父母寵愛。她穿著一襲時髦的新洋裝，隨父母歡天喜地上了郵船。

一路上風平浪靜，水色天光交映，船靜靜的駛著，回顧船尾，臺灣已縮成一個看不見的點，而祖國的召喚愈來愈親切。海鷗款款，海水洋洋，他們三人無限愉快的抵達目的地。

他們在西湖找到了一個瑪腦山莊做為居所。「棠雲閣」沒有在臺北圓山落成，沒想到卻建築在這個山明水秀超塵出凡的西子湖畔。

這個地方風景優美。又因為遠離親友，所以能享受真正的閒暇生活。

這一年夏天，在東京讀慶應大學的震東特別來到杭州，利用暑假的期間探望雙親和妹妹。他們一家四人優游於六橋三竺之間。震東和秋漢對於祖國的地理和歷史都很生疏，雖然從前他們也從父親口中聽聞一二，總不如足履其地親眼看見的印象深刻而實在。母親更老了，但還有興致欣賞風景，他們輪流攙扶著她慢慢走，細細瀏覽。每到一處，雅堂便為大家仔細說明當地沿革。為什麼阿爸懂得事情那麼淵博呢?秋漢最是佩服父親。

震東返歸日本後，秋漢也去上學了。瑪瑙山莊顯得有些寂寞。日間只有夫妻倆和服侍他們多年的雙鳳。主僕們就在這如詩似畫的湖光山色裡日復一日的過著。

閒來無事，雅堂把《大陸詩草》以後陸續吟詠的詩篇重新整理出來，共得二百六十五首，編輯成為《寧南詩草》，並寫了一篇短文為序：

甲寅冬，余歸自北京，仍居寧南。寧南者，鄭氏東都之一隅也。自吾始祖卜居於是，迨余已七世矣。乙未之後，余家被毀，而余亦飄泊四方，不復有故里釣遊之樂。今更遠隔重洋，遁跡明聖，山色湖光，徘徊几席；而落日荒濤，時縈夢寐，登高南望，不知涕淚之何從矣！

客中無事，爰取篋中詩稿編之，起甲寅冬，訖丙寅之夏，凡二百數十首，名曰《寧南詩草》，誌故土也。

嗟乎！寧南雖小，固我延平郡王締造之區也。王氣銷沈，英風未泯，鯤身、鹿耳間，其有晞髮狂歌與余相和答者乎？則余之詩可以興矣！

丙寅仲秋，臺南連橫序於西湖之瑪腦山莊。

十一年前，他在故鄉編完遊歷大陸各地的詩草，取名《大陸詩草》，以示對祖國的懷念；如今他身在祖國，結集在故鄉所作的諸篇，則稱《寧南詩草》，此寧非所謂「胡馬依北風，越鳥巢南枝」？祖國之愛，家鄉之情，盡在其中。

《大陸詩草》諸詩的寫作是在旅行大陸的期間，所以背景為江南、塞外各地，人物則為新認識的朋友，或故知重逢；而《寧南詩草》是其後定居臺灣著史餘暇之作，那期間連雅堂南來北往，所踏之地皆是故土，往來之友均為鄉人。

我居臺北十二載，年華雖老氣猶豪。
屠龍空負千金技，躍馬還思五夜勞。
風雨潛修求絕業，乾坤倒挽看兒曹。
赤嵌潮水頻來往，寥落人才未盡淘。〈別臺北〉

文物臺南是我鄉，朅來何必問行藏。
奇愁繾綣縈江柳，古淚滂沱哭海桑。
卅載弟兄猶異宅（我家舊居兵馬營，已歷七世，自被毀後，兄弟諸姪遂分居各處），
一家兒女各他方（兒子方赴南京，長女久寓上海，少女尚在淡水留學）。
夜深細共荊妻語，青史青山尚未忘。〈臺南〉

渭水，宜蘭人，為醫臺北。平素服膺中山主義，與諸同志組織文化協會及民眾堂鼓吹改革，主張民權。數次下獄，堅毅不撓。歿時晚年四十有二。余在臺南，猝聞噩耗，愴然以弔。

人海沉迷百鬼嗔，秋風淒絕稻江濱。

十年牢獄身甘入，一死輪迴志未伸。
黨錮艱危思范滂，賓筵寥落感陳遵。
中山主義誰能繼？北望神州一愴神！〈哭蔣渭水〉

日高睡足起常遲，罏火瓶花位置宜。
滌向玉壺春畹晚，烹來銅鉢水漣漪。
一甌夢覺圓通境，半偈行深般若時。
但得慈雲長庇護，錚錚傲骨祇耽詩。〈楊笑儂疊寄新詩，并惠鐵觀音佳茗，賦此以謝〉

民國十六年（一九二七）春，北伐軍起，江南不安，雅堂「移家湖上住」的夢想也破碎，為了家人的安全，只得舉家重返臺北來。

回到臺北後，暫時閒居在家。當時，雅堂在臺北有一位年輕朋友黃潘萬結婚不久，尚無職業，兩人都有感於坊間書籍的匱乏，不足以滿足好學之士的要求，所以想合開一個書店。恰於此時，震東乘暑假之便返臺省親，黃潘萬向震東提到這件事情，震東認為這是一個很適合父親的工作，便也極力慫恿。

於是，在太平町三丁目二二七番地（即今延平北路三段功學社對面）覓妥一間屋，開設了一個書店；店名就叫做「雅堂書局」。這個店鋪，由連雅堂與黃潘萬各出資二千元資本，營業收支但求能維持各項開支而已。由雅堂擔任書局全盤統監之責，潘萬負責理財兼文牘工作。另外，又聘請張維賢管理對外聯絡及協理局務。一切事情都計畫得井井有條理。

在第十八號的《臺灣詩薈》餘墨一欄中，雅堂曾經這樣寫過：

臺灣僻處海上，書坊極少，所售之書，不過四子書、千家詩及二、三舊小說，即如屈子楚辭、龍門史記為讀書家不可少之故籍，而走遍全臺，無處可買，又何論七略所載，四部所收也哉？然則欲購書者，須向上海或他處求之，郵匯往來，論多費事，入關之時，又須檢閱，每多紛失：且不知書之美惡，版之粗精，而為坊賈所欺者不少。

身為一個讀書人，雅堂既然早就注意到時人購書遭遇到的種種困難，因此他自己開設這個書店，其目的與其說是營利的，毋寧說是在服務社會。

雅堂自己雖也諳日語文，但他一貫的思想是在維護保存祖國文物，因此「雅堂書局」所出售的盡是中國的圖書文具，沒有一本日本書，沒有一件日製文具。書局所售圖書的標準，線裝的經史子集類書，由雅堂親自選購自大陸各地；政治及經濟類書籍，由震東負責；哲學及劇本類，則由維賢負責；其於有關思想及小說、方技、雜書之類，則由大家共同商量決定。分工合作，各人發揮貢獻自己的能力。

他們採購書籍的主要來源是掃葉書房、千頃堂、商務印書館，及中華、民智、文明、世界、泰東等國內著名的書局。當時臺灣海關對於從大陸進口的圖書，查禁極嚴，動輒予以扣留。他們首次採辦的圖書，除了線裝書沒有遭受到扣留外，其餘被沒收的，幾乎高達總量的三成。這對於書局在經濟上和精神上的打擊不可謂不大。

那時正值北伐前後。新思潮澎湃，尤其《三民主義》一書，深受臺胞熱愛，但是日方查禁沒收，非但是《三民主義》一書而已，凡與新思想、新文藝或新文化有關的書，如創造社、新月社、胡適、田漢、郁達夫之作品都在沒收之列。不得已，大家商量的結果，想出了一個迂迴的辦法；將訂購的書先寄到日本，再由日本寄來臺灣；因為日本人對於由「內地」（日本）運到臺灣的東西是查禁不嚴的。這一著偷運方式奏效，於是，《三民主義》、《中山全書》等書都可以偷偷輸入，出售給臺灣人士了。不過，由於輾轉郵寄，許多書的售價雖高，實際上並無利潤，甚至可以說完全是賠本的。

連雅堂對這個書店倒是十分喜愛關心。他每天上午十時便從大橋頭（今延平北路三段底）

到書店來，略事寒暄，便自己拿一本書，在店後的角落埋首研讀。他的近視相當深，所以看書的時候幾乎是眼鏡貼著書。老顧客上門，多半也知道書店老闆的脾氣習慣，他們儘管自由翻看，多數人到這裡來，只是站著看看，讀完便走，雅堂也不以為忤。有一回，他的朋友黃純菁的兒子黃得時去買書，雅堂正看書看得入神，全然沒有注意到有人進來；等到得時跟他打招呼，才嚇一跳，猛然抬頭，摘下眼鏡說：「哦！得時君。你來得正好，昨天商務印書館剛寄來了英國威爾斯的《世界史綱》，寫得非常好，你看看吧！」講完，便從書架子拿下那本書給得時，自己又戴上眼鏡去看手裡的書了。他對於青年人看書，一向很熱心指導，常常告訴他們：「讀書之難，不在購書、不在借書、而在擇書。」像遇到這種問題，就必須要有明師的指導才行；而他自己對後輩讀書人，便是常以老師自居，因此，有時年輕人上這個書店來購書，向雅堂隨便詢問有關書籍或讀書的問題，他便滔滔不絕地談論自己的經驗心得，甚至於講解勸勉，等於給他們上了一課。

他開設這個書店，可以說真正是「得其所哉」了。因為他們所選購的，都是大家認為有價值的好書，所以新書一到，他便迫不及待地做第一個讀者，他對書的愛好，範圍極廣大，無論舊籍新書都飽覽，讀到有疑問的地方、便立刻翻查字典、辭源，務求釋疑解惑。對於讀書的方法，他有獨到的意見。這一點，在《臺灣詩薈》「餘墨」專欄裡也提到過：

讀書宜約，閱書宜博；讀書宜精，閱書宜略；讀書宜緩，閱書宜速；讀書宜定刻，閱書宜隨時；讀書宜明其始末，閱書宜知其大概。

顧尤有一事焉。凡在閱讀之時，自備劄記，摘其精微，誌其疑義，遇有會心之處，或全抄之，或節錄之，以備他日之用，且可旁證他書而貫通之，而後可得讀書之益。

《臺灣詩薈》是由連雅堂一人主持編務的。雜誌的內容除了刊登時人的詩鈔、詞鈔、文鈔之外，又有詩存、詩話、詩略、謎捲及文化活動消息，而且也陸續載錄臺灣先賢的遺稿和遺書，藉以闡發祖先的潛光。雖然主編者努力工作，時常把自己的詩文也刊登出來，但每一期的雜誌，份量總得維持一定的水準，所以需要設一專欄，以填補基本文字之不足，空間之留白。這一欄的撰文者「棠」，便是連雅堂自己。至於專欄則取名「餘墨」。「餘墨」的文字長短不定，端視雜誌正文留白之大小；至其內容，有時富哲理學術性，有時則雋永有趣，字數雖不多，每每可誦，啟人情智。

自經營「雅堂書局」，因為興趣所繫，而且地址近住處，雅堂照顧店務（其實倒不如說閱讀書籍來得恰當些）到中午，便回家午餐，略事休息，下午二時許，再回到店裡。晚間也來書店，近十時打烊，才回家。這樣有規律的生活，風雨無阻，實在是因為他樂在其中，儼然擁有一個私人的圖書館一般。有時候，因為店務清淡，他上午不到店裡，便一定在頭一夜裡選好書帶回家去閱讀，等到次日午後再攜回歸還。「雅堂書局」設於今日延平北路三段，向來都是本地人口密集的地段。這個書局在當時不僅成為店主人除了自己住家之外，最喜歡留連盤桓之處，也幾乎成為他和老少顧客們討論學問、發表意見的地方。其中，年輕輩者，除了黃得時之外，另有楊雲萍，年紀較黃稍長，也是時常前去書局購書，而與店主人成為忘年之交的。楊雲萍在那個時代，是所謂的「文藝少年」。他常到書局去翻閱舊詩文，實則為臺灣新文學的支持者。當年的楊雲萍和連雅堂在書局裡相處交談，二人的意見並不同；有一次竟然從白天抬槓子到近天明。雅堂的年紀比雲萍大許多，他是以傳統文化維護者自居，雖然不反對新思想，但在文學方面，是比較偏舊的。對此，年輕的楊雲萍不僅當面和雅堂爭論，並且還曾撰文將他比為「單細胞動物」。然而，連雅堂不但不以為忤，對於這青年卻十分的賞識。他對醫師朋友張暮年談到那一次的長談，並且說道：「臺灣新文學運動中，只有楊雲萍配得上罵我。因為他懂得新的，也懂得舊的。」居家時，他對兒子震東也說過類似的話。雅堂所賞識的兩個青年，日後都成為臺灣大學的知名教授；黃得時任教中文系，楊雲萍則為歷史系教授，尤長於臺灣史研究。

連雅堂是一個十足的書生，他交往的對象老少兼及，熱心論學問。黃得時為名士黃純青之子。雅堂於四十二歲時移家臺北之後，參加「瀛社」，與北部詩友來往較多。黃純青便成為他詩文酬唱，學術砌磋之友。純青曾撰〈孔墨並尊〉之文，刊載於《臺灣新報》，引起軒然大波，認為墨子主張兼愛，是無父無君，而文章竟以之與孔子並列尊榮。雅堂當時對墨子也有精深的研究。他有一封對黃純青之說表贊同的信：

純青先生執事：頃讀惠書，欣慰無已。執事高臥邱樊，潛心文史，屬在下風，能不景仰。前誦大著兼愛非無父辯，崇論弘議，驚倒時人。弟亦研究墨子者也，即草三篇，一曰墨子棄姓說；二曰墨為學派說；三曰孔墨異同說，欲就教之左右，又不能登之報上，以致藏文篋底，今先檢兩篇呈政。尚有一篇多至一萬餘字，繕後再寄。拙著如有錯謬，尚希指示。……

信是寫在「雅堂書局」的箋紙上。黃氏家在今臺北縣的樹林火車站前。一次雅堂往訪時，恰巧見到當時年少的得時正在練習毛筆字。雅堂站著看看，下次再訪時，竟然帶著許多線裝書的字帖，送給這個好友的兒子。是三希堂法帖。

「雅堂書局」除了出售新舊中文書籍外，也兼售一些文具器用等，例如上海胡文開的筆墨，杭州舒蓮記的檀香摺扇等，倒也深受當時日本人之中有漢學修養人士，以及摩登婦女的歡迎。

這個書店初開張的時候，一時也曾轟動全臺北，造成門庭若市的盛況；無奈當時日本政府已積極推行「國語教育」，而禁止臺灣同胞普遍使用漢文，所以懂漢文的人愈來愈少。雖然尚有少數的私塾存在，但是都只能教些尺牘、唐詩，以及日常實用文字，而老一輩曾研究漢學的，又日漸凋零，所以漢文書籍的購買力就每況愈下，日漸低落了。原先開辦時，每個月的營收約在一千三百元左右，其後便減低至七、八百元，而書店每個月的開銷至少需要三百元；這樣便呈現很嚴重的收支不平衡情形。雅堂個人本來不是生意人，營利不是他的目的，因而決不肯接受朋友的建議——兼售日文書籍，以求變通。他們為了招徠顧客，舉行了為期半月的「夏季大賣」。所有圖書一律照實價減折優待讀者，可是在日本人大力推行同化政策的當時，對漢文書的購買者仍無濟於事。

不久，由於店務不景氣，年輕的張維賢覺得老守著一個沒有生意的鋪子也沒有多大意思，便辭去職務，預備前去日本留學，研究戲劇。臨行，連雅堂特以所藏的光、宣版《無政府主義》一書相贈，做為短期共事的紀念。「雅堂書局」在維賢離去後，又勉強支持了一段時間，後來震東雖然學成返鄉，助理書局事務，終因店前寂寞，無一顧客，加上外在環境等種種因素壓迫，不得不宣告停業。就在這種艱苦的情形下，從開張到結束，倒也維持了兩年之久。

在開辦「雅堂書局」的前後，連雅堂寫作的筆也從來沒有停止過。雖然他的年紀已在五十開外，但是提到國家民族之事，便會血脈賁張，不減當年。這時期有一份《昭和新報》發行。這個報紙雖然以漢文發行，其股東之重要人物悉為親日派人士，如辜顯榮、許丙、林熊徵等，因此該報的言論與日本人如出一轍，常常引起連雅堂的不滿，疊次撰文痛斥論戰。例如於《臺灣民報》第二三五號，他發表一文質問《昭和新報》；何謂統治根本？何謂思想善導？在文首並且直指該報為日人之「御用新聞」。文中論日人「統治臺灣之根本意義」一段，卻可能因為文字過激而被刪去五、六十字，其殘存的數句尚有：「……則同化政策也，內地延長也，此三十年來之彰彰在人耳目者，不知此等之外，尚有何統治之根本義乎？」至於論「思想善導」的部份則有：「若以臺灣今日之思想而觀，則其所表現而要求者，平等也、自由也、幸福也，此等之外，尚有何種之思想？亦何庸為之善導乎？」他揭發日人統治之下，臺胞生活之不平等、不自由、無幸福，充分顯現不畏異族強權的勇氣。

關於男女平等的觀念，早在他年輕時代便已極力提倡，想不到在十數年後的這個時候，《昭和新報》尚刊出聘金制限論的迂腐論調。這件事不禁引起雅堂嚴重的抗議，他在《民報》二三六號又撰文攻擊道：「夫婚姻之制，由掠奪而購買；購買而戀愛；此進化之程也。聘金為購買之代名詞，人非牛馬，何用購買？故臺灣今日而有聘金，是臺灣之恥也！該報而果有思想善導之學識與精神，則當簡直而論曰聘金廢止，或進一步而大呼曰：『婚姻自由！』」

在這段期間裡，雅堂經常在《臺灣民報》發表有關思想的論文，計有「思想解放論」（二三八號）、「思想自由論」（二三九號）、「思想創造論」（二四○號）、「思想統一論」（二四一號）等。「思想統一論」之題目，看來與前面幾篇互呈矛盾，故第四三期該報有署名「小隱」者撰文質問雅堂，文章末段則揣測雅堂主張思想統一「必是因為我臺諸思想團體日日互相排斥、互相毀謗，而其各團體中又時起內訌，如是而欲為同胞追求自由、謀幸福，是何異於緣木求魚也。」故欲「聯合諸思想團體作共同戰線」並說：「果爾、則願舉雙手以贊成先生之論，唯『思想統一』四字須改為『聯合戰線』或『步調一致』云云。」對於此質問，雅堂有答覆的文章，刊載於第二四四號民報，其首段如下：「小隱足下：頃於民報獲讀大著，欣慰無量。思想之不能統一，弟固知之，且明言之；而今乃曰『統一』者，則為一時連用、進行之計，亦即足下所謂『聯合戰線』也。顧弟不曰『聯合戰線』者，蓋以今日臺灣之言論，非常壓迫，稍形激烈便遭禁止，故不得不用巽與之言，以免報紙之塗抹，諒亦讀者之所共諒也。」

對於社會百態，古今陋俗，雅堂也十分注意，所以風聞臺南富豪陳家析產紛爭事件，他又忍不住評論道：「是遺產之害也，是蓄妾之弊害也！使××而無遺產，何至兄弟相爭？使而不蓄妾，何至父子相怨……故余敢斷之曰：欲休社會之均衡，當廢遺產；欲持家庭之幸福，當除蓄妾。」

在「雅堂書局」尚未結束之前，臺北大稻埕如水社開辦為期三週的夏季大學，聘雅堂為講師，講授「臺灣歷史」。由於這個夏天震東已自慶應大學經濟部畢業，返臺佐理家務，兼顧書局事務，雅堂無後顧之憂，便欣然答應了。而他自己也在「雅堂書局」開辦了兩次短期的漢學研究會，於晚間七時至九時授課。

不上課又無特別應酬的晚上，雅堂則在家為震東講授國文。這時震東已二十五歲，且大學畢業了，但他從小學到大學所接受的都是日本教育，雖然他在少年時期，雅堂也親授過《左傳》、《史記》等古文；然而，留學日本的一段時間，使他對以前所學的又生疏了，所以正好利用此段閒暇時加緊補習。對於三個子女，夏甸、震東和秋漢，他的教育態度都是一致的；除了講解之外，要求他們多背誦；他認為趁年紀輕記憶力強時多背一些古詩文，日後將受用不盡。震東雖是獨子，但他從小就是一個溫順的男孩子，如今雖已成人，父親的話總是不敢不聽。秋漢這時也已十八歲，她在淡水讀女子高等學校，平時住校，週末返家，也總是被父親找來一起聽他講授詩文，她有些貪玩，不太專心，可是也不得不照樣背書。雅堂喜歡斜倚榻上抽著水菸袋，一面聽子女朗朗背誦詩文。他的眼睛半閉著，看上去似睡著了。一次，秋漢想早些背完好出去找朋友玩，便有時故意含糊跳過一段；可是，父親卻會閉著眼睛提醒她漏背的文字，用那銀製的長長的菸桿兒輕輕敲她的頭說：「不要偷懶！」

民國十九年（一九三〇）三月二日，《臺灣日日新報》刊載〈臺灣鴉片菸特許問題〉一文，署名為「臺灣通史著者連雅堂氏對於此回問題致本社意見書」——所謂「此回問題」是指日本當局鴉片特許政策引起臺胞反對之問題——內容大概是說鴉片有弊亦有利，無需嚴禁，可以採用日本政府漸禁方針。此文一出，全臺輿論譁然，雅堂頓成眾之矢的，實則這裡面是有些複雜的故事的。

當日本人預備禁菸時，雅堂曾私底下同朋友開玩笑，在漫談中說：「其實鴉片也有好處，可以治瘴疫（即瘧疾），清朝的義勇軍長年處於深山密林之中，瘴氣瀰漫，他們若非抽鴉片菸，怕是早都受了瘴氣之毒而死光了。」想不到這些話語，後來卻輾轉傳出，就有人冒用他的名，將這些話語再加以渲染，並署上他的名字，在報端刊登出來。

可是，何以有人要這樣做呢？是什麼人這樣做的呢？

雖然無法具體指出冒名寫作此文的人名，但其中是頗有一些蛛絲馬跡可尋的。原來，在連震東由日本學成返鄉之際，以家學淵源，頗有意於服務報界，而當時林獻堂也極有意思聘請這位年輕有為的後輩入《臺灣民報》做記者。這個消息引起該報社某些幹部以及老記者的嫉妒和恐慌。因為震東學有專長，中、日文俱佳，且是名門出身，有人生怕相形見絀，所以極力阻撓。遂有好事者假雅堂之名，撰此文投稿於《臺灣日日新報》，以圖阻礙震東進入該報社。

其實，前此，雅堂也曾經撰文討論過鴉片菸的問題，態度一向積極公正。例如當他民國元年至杭州時，聞禁菸甚嚴，犯者處死，所以無人敢抽菸，便批評道：「阿芙蓉流毒久矣，而毅然刷滌，則浙人之福也。」後來在編撰《臺灣詩乘》的時候，也在卷三裡提及：「阿片菸傳入臺灣始於荷蘭之時，甚後滋盛。道光十年詔禁各省種賣，從閩浙總督孫爾準之奏也。十九年復禁，遂與英人開戰，而立江寧之約，至今為害。臺人謂吸菸者為『烏菸鬼』，以其與鬼為伍也。」而被人冒名刊登此文章，所以未反駁辯解，原因之一，是那些話雖是惡意的渲染誇張之辭，卻也的確源自於自己一時友朋間的談笑，其二，則已略知此是背後有人想要阻止震東進入報社。這種事情雖是委屈冤枉，但如果撰文筆戰起來，怕是只有愈說愈不清楚；況自己年紀已大，而震東方出道，他不願因自己樹大招風，反而害了兒子的前途，於是只得默默忍氣吞聲。震東體念父親的用心，一半是為了自己而受氣。不禁悲痛盈胸。不過，他卻因而暗自下決心，將來一定要勤奮努力，好自為之，為慈父爭一口氣，這樣才不致辜負他老人家的心意。

《臺灣民報》方面，既然因那篇文章而鬧得滿城風雨，林獻堂也就不便聘請連震東入社。後來，震東改入了「昭和新報社」為記者。兒子能繼承衣鉢，雅堂對他寄予很大的希望，自己半生為報人，所寫所做，一向都是仗義直言，他所期許於震東的，也是這一原則。

書局停辦以後，雅堂的興趣便轉移到古代中國歷史和社會方面的研究；不過，他仍不能忘懷自己所立足的土地。當時日本人厲禁漢文，且不許學生使用臺語。雅堂為保存臺語，遂又賈其餘勇，作有系統的分析。舉凡臺語，無不旁徵博引，窮其來源，開始編纂《臺灣語典》。其實，他這個計畫是肇始於民國十九年（一九三〇）夏天。那時，原任職於「雅堂書局」的張維賢，於赴日研究戲劇二年後返臺，在臺北成立「民烽演劇研究所」，公開招生授課，請連雅堂講授「臺灣語研究」。半年後，這個研究所因為中途退學者甚多而不得不中止。不久，臺南《三六九小報三日刊》發行，發行人與編輯多屬雅堂之友人或門生，便邀請他為該報撰寫「臺灣語講座」專欄。這個專欄，通常每號刊載三、五條，態度卻十分嚴肅，於一年後，編成了《臺灣語典》四卷。關於《臺灣語典》撰著的動機與目的，連雅堂在自序裡說得很明白：

> 余臺灣人也，能操臺灣之語而不能書臺語之字，且不能明臺語之義，余深自愧。夫臺灣之語，傳自漳、泉；而漳、泉之語，傳自中國。其源既遠、其流又長，張皇幽渺，墜緒微茫，豈真南蠻鴃舌之音而不可以調宮商也哉！余以治事之暇，細為研求，乃知臺灣之語高尚優雅，有非庸俗之所能知，且有出於周、秦之際，又非今日儒者之所能明，余深自喜。……臺灣之語既出自中國，而有為中國人今日所無者，苟非研求文字學，音韻學，方言學，則不得以得其真。……余懼夫臺灣之語日就消滅，民族精神因之萎靡，則余之責乃婁大矣。

關於臺語，雅堂不僅以治事之暇，細為研究，並且也曾試圖以實際行動，將研究結果表現出來。《孟子》齊人有一妻（大某）一妾（細姨）的故事，雅堂以古音、古義及方言譯成臺語，頗為生動有趣。他在《三六九小報》所發表的，除了這個有關臺灣的專欄，另外還陸續續寫過一些臺灣考古方面的文章，例如「古瓶」、「唐碑」、「宋錢」、「紅石」、「海吼」、「紀大肚刀」等篇。

與《臺灣語典》約莫同時出版的《雅言》，也是有鑑於日本政府對臺灣「日化」漸厲，華文漸形式微。雅堂戚然以懼，思漢情濃，而所撰寫的與臺灣語言、文字、俚俗相關的短文。連載於《三六九小報》百號、三百則。其專欄稱為「雅言」，字數多寡不一，短者數十，長可百餘。除了長短不一，前後並不關聯，卻可見撰者博學多識之一端：

> 比年以來，我臺灣人士輒唱鄉土文學，且有臺灣語改造之議；此余平素之計劃也。顧言之似易而行之實難，何也？能言者未必能行，能行者又不肯行；此臺灣文學所以日趨萎靡也。夫欲提唱鄉土文學，必先整理鄉土語言。而整理之事，千頭萬緒；如何著手，如何搜羅，如何決定？非有淹博之學問，精密之心思，副之以堅毅之氣力，與之以優游之歲月，未有以不半途而廢者

也。余，臺灣人也；既知其難，而不敢以為難。故自歸里以後，撰述《臺灣語典》，閉戶潛修，孜孜矻矻。為臺灣計，為臺灣前途計，余之責任不得不從事於此。此書苟成，傳之世上，不特可以保存臺灣語，而於鄉土文學亦不無少補也。（一）

海通以還，外貨輸入，每冠以「番仔」二字，如「番仔衫」、「番仔餅」之屬；所以別內外也。而臺中呼肥皂為「番仔茶粿」；唯臺南稱曰「雪文」，譯其音且譯其義。雪，洒也；《莊子》：「澡雪而精神」。文，文理也，又為文彩。是一譯名，音義俱備，可謂達而雅矣。（二〇二）

《洛陽伽藍記》謂：「昭儀寺有酒樹麵木」。按酒樹即為椰樹，漿可為酒，亦可生飲；而麵木即為桄榔，以其皮中有屑如麵，可造餅食。唐段公路《北戶餘》謂：「桄榔心為炙，滋腴極美」。桄榔，臺南多有，未有食者；為椰酒則嘗飲耳。（二〇七）

民國二十年（一九三一）年春，雅堂倦居臺北，便與妻子返回故里臺南。從此，更潛心著述，不再與臺北朋友來往，準備過一段充實而安靜的生活。詎料故鄉人士的熱情卻不讓這位五十四歲的老人遂其心願。《臺南新報》的社長固請雅堂再出來主持該報的詩壇。這個報社，是他三十三年前初入報界時第一個服務的地方，遊歷大陸回來後，也曾再度任職短期，在感情上來說，有一種剪不斷的聯繫關係；何況，現在這個職務也還算輕鬆，遂復出為報人。也由於這個緣故，他的週遭又經常有一些詩人唱酬。原先擬定的平靜生活無法實現，卻也增添了友朋歡談的欣慰。不過，這樣的生活，終非自己最大的願望，尤其每一念及仍在臺北報社工作的兒子，雅堂心裡便有一份遺憾與不甘。一個血氣方剛的青年，難道就讓他默默忍氣吞聲在這個殖民地的島上生活下去嗎？他考慮再三，決心讓震東放棄不錯的工作，破釜沉舟，遠渡大陸。只是，自己眼前還有一些未完成的工作，不能陪同他前往，只好麻煩情同手足的朋友張繼代為安排照拂。於是，他懷著堅決而悲壯的心情，修成一函：

溥泉先生執事：申江一晤，悵惘而歸，隔海遙遠，久缺牋候。今者南北統一，偃武修文，黨國前途，發揚蹈厲。屬在下風，能不欣慰！兒子震東畢業東京慶應大學經濟科，現在臺灣從事報務。弟以宗邦建設，新政施行，命赴首都，奔投門下。如蒙大義，矜此子遺，俾得憑依，以供使令，幬載之德，感且不朽！且弟僅此子，雅不欲其永居異域，長為化外之人，是以託諸左右。昔子胥在吳，寄子齊國；魯連蹈海，義不帝秦；況以軒黃之華冑；而為他族之賤奴，泣血椎心，其何能恝？所幸國光遠被，惠及海隅，棄地遺民，亦沾雨露，則此有生之年，猶有復

旦之日也。鍾山在望，淮水長流，敢布寸衷，伏維亮詧！順頌任祺不備

愚弟連橫頓首　四月十日

他告訴震東：「要求臺灣的光復，就須先建設祖國。我自己為了保存臺灣文獻，暫時還不能離開，不得不忍耐在此居住。你現在已經大學畢業，學有所成，而且也認得國文，應該回祖國效命才是。我將跟你阿母隨後過去。你好自為之，保重身體！」就這樣，連震東帶了父親給張繼的一封手書，乘船赴大陸投奔父親的故友。張繼展信讀之，為那大義凜然的文字深深感動。他把震東看作親子一般，讓他在自己身邊；教他熟習國語，後來又帶他到北平去。

兒子走了；長女已出閣，隨夫遷居上海，三女仍在淡水寄讀女子高等學校。連雅堂夫婦孤單地住在故里，一家團聚的情況竟忽忽已成過去，遙望祖國，海天遠隔，臺灣什麼時候才能光復？自己垂垂老矣，而帝國主義的豺狼虎豹觸目皆是，也許只有用這分報務來做精神上最大的寄託。初抵大陸的震東居址尚未固定，所以兒子的信，多由住上海的長女夏甸轉寄。雅堂寄子女的書信，都以毛筆楷書一筆一畫工整地書寫在「三六九小報原稿用紙」上，字裡行間愛護子女之親情自然流露著：

震東知悉：頃得汝書，甚慰！《說文通聲定訓》尚未收到，《恤言錄》為杭洲出版，將來歸南之後，可於首都求之。余自旅里以來，起居安適，唯天氣炎熱，每日在九十度以上，未堪著作；秋涼之時，擬理舊稿，以備刊全集。

家中安善，汝母健康。汝妹將回學校，再經二學期，便可畢業，能否赴滬留學，明春乃可決定。

中國國史尚未編修，余擬寓書於子民先生，請其開辦，此事如得成就，則余畢生之志願，又多一絕業矣。汝在旅寓，事事注意，務須勤儉，暇時可多讀史書，研求國文、英文。

父諭　八月廿二日《家書》五

震東知悉：頃得汝書，甚慰！月樵先生與余為文章道義之交，汝與炎秋同居，極為適宜。汝此時須多讀中國史書，為他日之用。汝姊近有書來，謂平居無事，學習詩文，且讀《曾文正家書》，深有所得，並言欲汝讀之。汝妹此期畢業，不日可歸，當教以國文。臺灣經濟日困，物價甚廉勉強維持，以待機會。家中安善，汝母康寧，汝須保重。溥泉先生回平，必能為汝設法也。

父諭　三月十五日《家書》二九

伊闕照片四張，本早郵到。觀其造像，已歷千載，而弘麗完美，莫與比倫，誠國寶也。歸國之後，如有機緣，當一往遊；並赴雲岡，以覽世界最古最大之文化藝術，方足以開眼界也。洛陽仍食麥否？羊肉美否？雞子賤否？冬際堅冰，有銀魚否？汝之身體健且肥否？如有周代銅器可以插花者，搜羅一二，以為家中之用，然須有銘志者為佳。

父諭　一月十四日《家書》六十

三六九小報原稿用紙

本圖為連雅堂先生家書手稿。

這時，夏甸從上海頻頻致函，催促年老的父母親來聚。她知道雙親精神上的生活上的寂寞。她的丈夫林伯奏在上海有不少的房產，她和伯奏決定為父母留下一幢房子，供他們住用，以便就近照顧；何況，經過兩次小產後，如今她又身懷六甲，很需要母親的陪伴和照料。後面這個理由，終於打動了雅堂夫婦的心。匆匆整理《劍花室文集》和已撰寫的《臺灣語典》及《雅言》，他便決計要償遂終老祖國之願。秋漢也已自高女畢業，因此可以隨行。

此行，或許不可能再返回臺灣來了，所以他請三哥連德裕陪同到雙親的墳地祭祀告別。又與德裕殷殷話別至深夜。臨行，作兩詩留別故鄉諸友：

養病家山歲又新，扁舟復作遠游人。
夢魂長繞東寧月，詩境還探北固春。
鬱鬱久居情未忍，懨懨將老志求伸。
海邦此去方多事，莫遣音書斷羽鱗。（歸鄉養病，忽忽二年，復有金陵之行，留別臺南諸友）
刻燭傳觴盡此宵，平明準看海門潮。
春風梅柳當前秀，故國雲山入夢遙。

蘇武居胡仍仗節，伍員復楚且吹簫。
人生聚散何須念，回首枌榆感寂寥。（席上）

這一生離開臺南已不知多少次，然而，此次應該是不同於過去，他自己心裡明白。「人生聚散何須念」，這是強作瀟灑語，畢竟難禁老淚縱橫！

於是，一家三人乘船內渡。舟中又作二詩：

飲馬長城在此行，男兒端不為功名。
十年宿志償非易，九世深仇報豈輕。
北望旌旗誅肅慎，南歸俎豆祭延平。
中原尚有風雲氣，一上舵樓大海橫。（此行）

卅載蹉跎歷險艱，片颿今日去臺灣。
春潮浩蕩南溟大，夜色蒼茫北斗寒。
志士不忘在溝壑，男兒何必戀家山。

他時擊檝歸來後，痛飲高歌七島間。（舟中夜望）

這是民國二十二年（一九三三）春天的事情，正是「九一八事變」發生的第二年。船泊上碼頭時，只有女婿林伯奏一個人來迎接，因為夏甸已是大腹便便不利於行動，震東則已隨張繼在西安為政府服務，一時無法趕來。

上海江灣路「公園坊」八號，是連雅堂夫婦與秋漢的居所。「公園坊」裡共有三十三幢這種小巧的二層樓洋房，分三排毗連，那是林伯奏房產的一部分；其餘三十二間都出租予人。夏甸夫婦並沒有住在「公園坊」裡，不過，隔著一片草地，只消步行五分鐘便可到他們那幢有寬大院子的精緻洋房，所以夏甸每天早晚都散步過草地，來探望雙親和妹妹。

未幾，震東也請假來滬省親。一家五口，已經十多年沒有這樣共處一室了。骨肉相聚，悲喜交感。兒女都長大成人了。可是雙親呢？父親原本清癯的身子，如今更形單薄了；背有些駝，是因為多年讀書寫作的緣故吧？講話聲音也沒有從前那麼宏亮，並且不時咳嗽咯痰。母親倒是還能夠站得挺直，只是往昔那一張美麗的面龐上已添加了許多皺紋，由於牙齒脫落，面頰削瘦，使得一雙眼睛看起來更為深陷。不過，她那斑白的頭髮仍舊豐多，依舊梳理得極為光亮服貼。耳環的珠子也依然隨著舉止顫動，這是子女三人所最熟悉的印象，這一點是沒有改變的。

「公園坊」在閘北，隔著一條窄窄的鐵軌，馬路對面便是寬敞的「虹口公園」。環境整潔而安靜，正是養老的好地方。震東返回西安工作後，雅堂又展開書籍和稿紙，開始繼續臺語的研究寫作。如今，他五十六歲，健康情形大不如前，卻不肯一刻放棄工作，筱雲勸不過丈夫，便叫夏甸和秋漢兩姊妹輪流規勸父親，但是回答總是一句話：「阿爸是勞碌命，閒不住的呀！」

這一年的秋天，夏甸安產一女——長女生的長女。初次做外公、外婆的雅堂夫婦興奮異常。身子硬朗時，雅堂會由秋漢陪伴著，走過來探望這外孫女兒。他那揮毫如舞劍的手，逗弄起嬰兒來，可有些笨拙；看得初為人母的夏甸提心吊膽，又不便掃了老人家的興致，只得伺機叫女傭抱去哄睡。外婆裹著小腳，如今已是六十二歲的老婦人了，不敢走那一段路過來，便也常常差人抱了這女嬰過去。「哎呀，跟阿女小時候一模一樣啊。一個模子刻出來也似的！」她每次總要這樣說。「是啦，阿姊像您，她的女兒又像她。你們可都樂了！」秋漢雖然已經有了男朋友，正在戀愛中，在家依然是最會撒嬌的么女兒。

次年，震東與瀋陽籍的趙蘭坤在北平結婚。他們是震東隨張繼去北平時，於當時住在北平的鹿港人洪炎秋家裡結識的。炎秋的父親，與雅堂為舊識，亦為愛國愛鄉者。臺灣淪日後，更名為繻，易字為棄生。閉門不出，潛心著作，其作品常刊登於《臺灣詩薈》。洪、連兩家為世交，炎秋亦受父親鼓勵而赴大陸，畢業於北京大學。蘭坤是炎秋夫人的同鄉同學，畢業於燕京大學，其後，震東赴西安工作，二人魚雁往來，情愫漸深，終於徵得雙方家長同意而結為夫妻。他們婚後即來滬，媳婦拜見翁姑。蘭坤是瀋陽人。有北方人高眺的身材，白皙的皮膚和直爽的性格。她雖然不會說臺灣話，由震東居間翻譯，卻也能傳達感情。學教育的蘭坤，舉動間流露出知性的穩妥，十分贏得雅堂和筱雲的歡心。由於震東的工作關係，新人不容多溜滯，停留數日便雙雙去西安。臺南人娶東北人，寧非「千里姻緣一線牽」！誰料想得到呢？可是，說來奇怪，連雅堂在震東年少時便曾經為他批過八字，說過：「這孩子的媳婦兒是東北方向的人。」是巧合嗎？還是真的算命靈驗呢？從小，子女們都在背後管他們的父親叫做「未卜先知者」；筱雲則自新婚之夜便堅信她的丈夫是「玉猿」的化身呢。而奇怪的是，雅堂晚年的舉止倒有時候真的像極了玉猿。尤其夏天裡，他喜歡穿一襲白色的綿紗中式衣褲。獨個兒盤坐在籐椅上，一手抱著拱起的腿，一手剝花生米吃。他臉孔窄窄的，瞇起眼睛滿意地咬嚙著花生，手指還不時去抓鼻子。那才真有趣哩。

震東與蘭坤回到西安後，不時以雙親為念，每信必懇切邀請一遊關中。雅堂和筱雲都是喜歡遊歷的人，雖然兩個人年紀都大了，可是，一來兒子頻頻催邀，二來也無甚要事羈絆，春天裡氣候宜人，而身子也覺得十分硬朗，便決心相偕旅行兼探望新婚夫婦的生活情形。

沒想到不出門則已，一出門，那遊興竟不減當年。終南之下，渭水之濱，足跡幾遍。他們所遊覽憑弔的古蹟有：長安城、文王陵、武王陵、成王陵、周公陵、驪山秦始皇陵、茂陵、李夫人塚、魏青墓、霍光墓、霍去病墓、公孫弘墓、董仲舒墓、昆明池舊址、昭陵六駿、慈恩寺、華清溫泉、太液池、杜甫故宅及祠堂、曲江、興教寺（有玄奘法師塔）、灞橋、碑林及革命公園等。不僅遊興不減當年，所到之處，頗有吟詠。下面列舉數首：

漢唐舊跡已無城，虎視龍興幾戰爭。試上鐘樓南北望，秦山渭水擁西京。〈關中紀遊詩〉

今長安城建於明代，僅有庖城九分之一，鐘樓在城之中央，形勢雄偉。

美人終不易江山，傾國傾城豈等閒。太液芙蓉未央柳，僅留詩句在人間。

太液池已淤，未央宮故址尚存。美人黃土渺不可見，千古多情，人應為一哭。

曲江春水久停流，錦纜牙檣何處求？宮殿已蕪花木盡，行人猶說曲江頭。

曲江為唐詩名勝，今已淤廢，讀老杜哀江頭一詩，為之悽愴。

古柏森森夾泮池，堂梨落盡日長時。先生飯後無他事，獨向碑林讀古碑。

碑林在長安孔廟之後，內藏漢、唐、宋、明碑碣甚多。又有唐咸通石刻十三經，尤為瓌寶。

如此亦詩亦註的〈關中紀遊〉之詩有二十餘首。

同樣是史家看史蹟的詩篇，然而與二十年前的《大陸詩草》諸篇相較，顯然已刪除了往日的鋒芒，平淡之中見蒼勁，悲天憫人的胸襟，取代了當年的濃烈之情緒。至於末引一首讀碑林之詩，表面看似閑情訪古悠遊之篇，然而「先生飯後無他事」句中，實含著作者不為人所知的苦衷。這可由《雅堂先生家書》手諭中得悉。當初，忍別離之苦，令獨子震東遠赴大陸，固然是「雅不欲其永居異域，長為化外之人」，而雅堂自己則由於尚有一些撰述之作未完，且有三女秋漢仍在求學中，所以不便輒言遷移。其後，秋漢畢業自高級女子中學，而自己的《通史》、《詩乘》已完成，《語典》和《雅言》也已大體有了眉目，故而下決心移家大陸。不過，連雅堂攜眷內渡，並不是為了想養老過閑適的生活。不，他的一生從來也沒有想到要過閑適的生活；他始終是積極有所做為的。青年時期以來，所言、所寫、所為皆如此，而《臺灣通史》等種種書籍的著述便是他做為臺灣人的愛鄉的最具體的表現。《通史》終於乙未割讓，是由於身在殖民地，日本政府的文網周密，不無投鼠忌器之虞。離開了臺灣，他想要把乙未以後之歷史補足。在《與徐旭生書》中，雅堂說：「更欲撰就續篇，記載乙未以來三十餘年之事，昭示國人，藉資殷鑑。」而且連雅堂不僅以臺灣人寫臺灣的歷史、文學、語言、習俗，表現其愛鄉之心；他向來也想以中國人之身，參與中國的歷史、文化工作以表現其愛國之志。這可從二十年前遊大陸，在北京應清史館館長趙爾巽聘為「名譽協修」入館供事，曾上書於清史館，力言清史應增〈拓殖志〉，記華僑拓殖各地的情形，並自薦任纂輯其志之責：「……修史固難，而修拓殖志則尤難。……華僑聯合會創立之歲，多士最於滬上，提議篡修，僉有同志，期月之間，惠書盈匧，而奔走風塵，未遑筆削。私心耿耿，寢饋不忘。今史館既開，徵文考獻，以橫不肖忝侍諸賢，何敢不貢其誠以揚國家之休命？如蒙俞允，命輯斯志，伸紙吮毫，當有可觀。豈唯史氏之責，民族之興，實式憑之。敬布鄙懷，諸維亮鑒。」此事，當時因母親和妻子馳書促歸臺而未成。至於在前後的家書中，於對震東的關懷、勉勵之外，又每常見其及對於國事的關切。

又前命汝調查國史館尚在否？現歸何部所管？若已廢止，余擬上書於大學院，請其再設。將來如得歸國編修國史，尤為余之大望。汝可查復。《家書》八

中國國史尚未編修，余撰寓書於子民先生，請其開辦。此事如得成就，則余畢生之志願，又多一絕業矣。《家書》九

余前以國史館之事寓書於蔡子民先生。嗣得先生復書，謂已介紹於教育部李部長。此東事未發之前數日也；其後先生赴粵，奔走國事，暫為觀望。近日忽接李書華部長來書，謂國史館開辦之時，當特為介紹，是修史之事不無希望。時局稍平或能開辦，汝可留意報紙，俟有機會，當與之接洽也。《家書》一八

我家自遭倭人占據三十餘年，奔走流離，靡有定處，今已歸國，到處可居，而上海斷不可住，以其風化甚壞，而費用又巨也。滿人入關後，吳中顧亭林先生卜居華下，以堅苦卓厲之風，策勵學者，是時關中大儒如李天清、傅青主諸先生均與往來，討論文史，以振士氣，今溥泉先生等設華下學院，則其地也，未稔尚有遺址否？我家移居長安如能再做些事，以保存文化，而光大之，亦足以報效祖國。溥泉先生如來上海，當見之。汝可以此意，先為陳謙。《家書》八七

今所見八十餘封家書，發信時間自民國二十年（一九三一）至二十二年（一九三三）前後兩年餘，發信之地址則從臺南、而臺北、而上海。雅堂在簡短的信裡，除殷殷期望獨子震東的起居事業之外，也總不忘記囑其代為問候張繼，並表達他自己仍望在國內得任文史工作報效祖

國的意願。可惜，當時國內多事，張繼、蔡元培等人南北奔走於國事，國史館也暫時延隔。詩句「先生飯後無他事，獨向碑林讀古碑」，對於「老驥伏櫪，志在千里」的連雅堂而言，其間其實是含著遺憾與無奈的。

抵達西安，與兒媳歡聚一堂，重敘天倫之樂。至於張繼，適因其妻病，赴北探視，而未能相見。

雅堂夫婦原打算在西安小住一段時間。可是由於關中地勢高亢，夏令酷熱，兩個老人都不能適應這種氣候，便只有提前返回上海。震東見父母老邁，他以獨子之身分，覺得理當隨伺二老左右，便上書張繼，懇辭西京籌備委員會的職務。張繼挽留，並且致書於雅堂，其中說到：「令郎四年長安相處甚好，何竟言去耶？渠所陳者多客氣彙語，更使下懷不安。吾輩精神之交，可謂無間，望便中略示一、二！終南以下，有避暑之處，並囑龔君尋之！」上司如此固留，實在也未便堅持求去。震東只得送父母到車站。又一度月臺上佇立，他心中有異樣的感覺！

返歸上海後，雅堂夫婦仍借住於夏甸家，但因為父母年紀大，身體也漸漸衰弱，夏甸希望他們住得近些；再者，秋漢與黃綺堂已定於秋天完婚後遷居南京，兩位老人家住在「公園坊」的房子稍嫌太大，便讓他們住到自己房子隔壁衖堂裡八幢房子中的第一間——這八幢房產也是夏甸丈夫林伯奏所有，但比「公園坊」的房子更為精巧，專租給小家庭或單身者。如此，兩所房子之間，只須隔一條衖堂，走後門的話，不到十步路程便可到，更易於朝夕照料雙親。

秋漢結婚了。雖云「女大不中留」，這個么女兒嫁後，兩個老人更覺得寂寞了。所幸夏甸十分孝順，又住隔壁，天天可以見面。而那外孫女已三歲，步伐漸穩，也頗會說話。由於夏甸又懷孕，不堪這個頑皮的小女孩吵擾，便常讓女傭帶去外公家玩。雅堂精神佳時最喜歡牽著這個外孫女去「虹口公園」散步。這個公園就在江灣路五百四十號伯奏和夏甸家的斜對面。那裡的草坪很整齊，空氣新鮮，而又不必擔心車輛；不過，年紀大的人總是比較小心，對於這個小女孩，雅堂簡直是溺愛她，縱容她。小孩一見草坪便蹦蹦跳跳，外祖父怕她不小心摔跤，所以忍不住要去拉住她。但祖父很高，孫女太小，所以只得儘量彎下腰來遷就她。「阿公，這是什麼？」「阿公，為什麼這樣呢？」那小女孩又出奇的好問。「阿熊呀，不要跑得那麼快，阿公趕不上啦。」「小心喲，阿熊。」阿熊，那是雅堂對這個外孫女兒的暱稱。他喜歡給疼愛的女娃兒取的暱稱，一如當年給這外孫女的母親取「阿女」那個稱呼一般。看著碎步跑在前面的這個女娃兒，他不禁有些感傷起來。三十餘年了，時光真是流轉得這樣快嗎……

西安歸來後，雅堂的健康情形更不如以前。他時時乏力，無法起床。原本蒼白的肌膚，如今更泛著枯黃的顏色。夏甸已產下次女，她顧不得自己產後的身子需要保養，便與伯奏四處奔走，延請上海市內著稱的中、西名醫來為父親診治。然而，藥石也不見效果。從春天起，時好時壞的病情，在入夏之後愈形嚴重。他患的是肝癌。

震東接到長姊的快信後，連忙從西安趕來伺候。他的妻子蘭坤則因懷孕，且在中學任教，所以未能同來。

癌症一點一點地侵蝕著老父。兒女們恨不能削減自己的年壽來挽留慈父的生命。然而，他們所能做到的，只是懇求醫師用嗎啡來減輕病人的痛苦而已。秋漢的女兒也尚在襁褓中，她把女兒交給保姆照顧，也趕來探視父親。見到父親痛苦呻吟，她忍不住地哭泣起來。「秋漢，你不要哭。你哭了，阿爸更難過。阿母也更心疼！」震東責備比他小六歲的妹妹，但他自己的眼眶也是紅腫的。

疼痛減輕時，雅堂的神志倒是還很清楚。

「震東啊，你看日本人這樣子囂張，看來中、日終免不了要一戰的；這一戰，關係著臺灣的前途，你要好好為祖國效勞才是。」

「告訴蘭坤，她肚子裡的孩子，將來生下來若是男的，就叫他做『連戰』，連戰，寓義自強不息。並且有克敵致勝，光復故國，重整家園的希望。中、日終究要一仗的啊！這一仗便可以讓臺灣光復，那我死也瞑目了！」

他環視房間裡，妻子和三個兒女都在身邊，覺得十分欣慰。

「來，你們三個孩子都靠過來。阿爸大概不行了，你們也不用難過。把我火化了……。將來，有一天臺灣光復，就把阿爸的骨灰帶回去，埋在家鄉的泥土裡……。阿爸一輩子南北奔波，盡心著作；現在要走了，什麼東西都沒有留給你們……。」

「不，阿爸您留給我們太多太多……」震東終究也忍不住，泣不成聲了。

「震東，阿爸留下的一些詩文手稿，這些東西都交給你……日後有機會，你替我把它們印出來……」

「會的，您放心。我一定會好好保存，將來都替您印出來。您千萬放心。」

「你們要好好孝順你們的母親……」

連雅堂在親愛的家人環伺之下逝世。時間是民國二十五年（一九三六）六月二十八日午前八時，享年五十九歲。

是年八月，震東的兒子，出生於陝西省西安市。遵照先父遺志，取名為「戰」。是「未卜先知」嗎？還是史學家理智的分析呢？雅堂逝世次年，中、日果真發生戰爭。經過艱苦的八年抗戰，日本無條件投降，而臺灣也果真光復，重歸祖國。

民國三十四年（一九四五）秋，連震東參加政府收復臺灣的工作，攜帶著他先父的全部遺稿先行返臺。次年春天，他的妻子趙蘭坤，與兒子連戰由重慶順長江而下，來到上海，與夏甸及來自南京的秋漢家族，三家人共乘一船，回到了臺灣。當時連戰只有十歲，他胸前恭恭敬敬地捧著潔白的布包裹的木盒，那是安裝他的祖父連雅堂靈骨的盒子。雅堂和他親愛的家人實現了夢想——經過了婆娑之洋，抵達了美麗之島，重又踏上自由芬芳的家鄉的泥土。遺憾的是，他的妻子沈筱雲在民國二十八年（一九三九）三月一日逝世於抗戰時期的西安，土葬於長安縣清涼寺，震東和蘭坤母子行前都因倉促，未及奉迎她回來。

雅堂的遺骨暫時先奉存在他生前常去的觀音山凌雲寺中。民國四十三年（一九五四），家人在臺北泰山鄉修墓，讓他安息於那風景優美的地方。泰山鄉雖非西湖，然而青山長在，綠水長流。一代耆儒長眠於此，《臺灣通史》這一部他生前嘔心瀝血的鉅著，將使泰山鄉畔倍增光芒。而雅堂生前「青山青史各千年」的願望，也終於達成了。

連雅堂先生晚年與夫人及外孫女（即作者）合影於上海寓所前。

看世界的方法〇一二

青山青史——連雅堂傳

作者：林文月
本書圖片由作者提供

董事長：林明燕
副董事長：林良珀
藝術總監：黃寶萍
執行顧問：謝恩仁

社長：許悔之
總編輯：林煜幃
主編：施彥如
美術編輯：吳佳璘
企劃編輯：魏于婷
行政助理：陳芃妤

策略顧問：黃惠美・郭旭原・郭思敏・郭孟君
顧問：施昇輝・林子敬・謝恩仁・林志隆
法律顧問：國際通商法律事務所／邵瓊慧律師

出版：有鹿文化事業有限公司
電話：〇二—二七〇〇—八三八八
地址：台北市大安區信義路三段一〇六號十樓之四
傳真：〇二—二七〇〇—八一七八
網址：http://www.uniqueroute.com
電子信箱：service@uniqueroute.com

總經銷：紅螞蟻圖書有限公司
地址：台北市內湖區舊宗路二段一二一巷二十八號四樓
電話：〇二—二七九五—三六五六
傳真：〇二—二七九五—四一〇〇
網址：http://www.e-redant.com

ISBN：978-986-6281-06-8
初　版：二〇一〇年八月
初版第二次印行：二〇二一年五月二十日
定　價：二八〇元

國家圖書館出版品預行編目資料

青山青史：連雅堂傳 / 林文月作 . -- 初版 . -- 台北市 ： 有鹿文化，2010.08
面 ； 公分 . --（看世界的方法 12）
ISBN 978-986-6281-06-8（平裝）
1. 連橫　2. 臺灣傳記

783.3884　　99012415